高等院校早期教育（0—3 岁）专业系列教材

中国学前教育研究会教师发展专业委员会
上海市人口早期发展协会
联合组织编写

婴幼儿亲子教育课程设计与指导

陈开颜　主编

本书编委会

主　编　陈开颜

副主编　许晨宇

编　委（按姓氏笔画排列）

王丹丹　刘　娜　杜　芳

张星星　陈　玲　陈　燕

总　序

我国“三孩”政策和相应配套与支持措施的实施，必然带来新生人口的增长。在我国学前教育已经取得显著成果之时，人们对 0—3 岁婴幼儿早期教育的需求与期待明显增强。

中国学前教育研究会教师发展专业委员会针对我国托育事业发展状况与趋势，充分认识到国家、社会、家庭对婴幼儿照护的重视与需求必然推进托育事业的大发展，而婴幼儿照护专业人才的培养、培训，建立一支有素质、专业化的早期教育师资队伍就势必成为关键问题。针对我国高专、高职院校 2009 年开始设置早期教育(0—3 岁)专业，并在 2010 年产生第一个早期教育专业点，随之一些高专、高职院校根据社会需求，迅速开办并推进早期教育专业点建设的情况，教师发展专业委员会于 2015 年、2016 年先后召开了早期教育专业建设研讨会、早期教育课程与教材建设推进会，积极组织全国有关专家学者，与已经开设和准备开设早期教育专业的高专、高职院校相关负责人共同深入研究并制定了早期教育(0—3 岁)人才培养方案，组织华东师范大学、北京师范大学、广州大学、天津师范大学、哈尔滨幼儿师范高等专科学校、福建幼儿师范高等专科学校、贵阳幼儿师范高等专科学校等院校和国家卫生健康委员会(原国家卫计委)有关部门的专业人士及学者，组成了早期教育专业课程与教材建设专家委员会，建立了由部分幼高专和卫生、保健、营养等专业人员组成的早期教育专业教材编写委员会领导小组。2017 年开始组织专家、学者、专业人士围绕早期教育(0—3 岁)专业核心课程进行研究，并编写了系列教材，目前已经由上海科技教育出版社出版发行十余本。

2019 年以来，国家加大了对托育事业与婴幼儿照护专业队伍建设的指导与规范。2019 年 5 月《国务院办公厅关于促进 3 岁以下婴幼儿照护服务发展的指导意见》(国办发〔2019〕15 号)颁发。紧接着在 2019 年 5 月 10 日，国务院以“促进 3 岁以下婴幼儿照护服务发展”为主题，召开了政策例行吹风会。教育部办公厅等七部门在《关于教育支持社会服务产业发展提高紧缺人才培养培训质量的意见》中提出，每个省份至少有 1 所本科高校开设托育服务相关专业。2020 年 5 月，国家卫健委出台《婴幼儿辅食添加营养指南》；10 月，中国疾病预防控制中心就婴幼儿喂养有关问题作讲解；同月，教育部回应政协委员关于早期教育和托育人才培养如何破局，提出在中职增设幼儿保育专业、幼儿发展与健康管理专业，指出将继续推动有条件的院校设置早教专业，扩大人才培养规模，推进“1+X”证书制度试点。国务院办公厅

2020 年 12 月印发《关于促进养老托育服务健康发展的意见》。国家卫健委在 2020 年 10 月 12 日公开向社会征求《托育机构保育指导大纲(试行)》意见的基础上,于 2021 年 1 月 12 日印发了《托育机构保育指导大纲(试行)》(国卫人口发〔2021〕2 号)。各省市也纷纷出台了落实《国务院办公厅关于促进 3 岁以下婴幼儿照护服务发展的指导意见》的实施细则或办法。这些政策与措施极大地推进了我国托育事业和早期教育师资队伍建设。至 2019 年,全国高专、高职早期教育专业点有 100 多个,学前教育专业点约 700 个,幼儿发展与健康管理专业点约 250 个。

针对全国院校早期教育专业迫切需要进一步加强专业课程与教材建设的呼声,中国学前教育研究会教师发展专业委员会在早期教育专业启动编写第一批核心课程系列教材并已陆续出版发行的基础上,于 2019 年组织已经开设早期教育类专业的高等院校教师、研究人员,联合国家卫健委系统的卫生、营养、保健、护理、艺术等专业人士,共同启动了早期教育专业第二批实践、操作类和艺术类教材的编写,由上海教育出版社出版发行。

此次出版的系列教材提供给已经或即将开办早期教育专业的高专、高职院校师生使用,也适用于托育机构教师、早教领域、社区早教管理和工作人员使用,早教类相关专业(如保育、营养与保健、健康管理等)也可以参考和选择使用,同时也为高校本科、中职与早教相关专业提供参考。由于全国早期教育专业建设与发展存在不平衡,师资队伍力量不均衡,建议根据本院校、本地区实际情况,在早期教育专业人才培养方案的指导下,合理选择确定必修课、必选课、任选课的课程与教材。

从全国来讲,早期教育类专业起步至今仅十余年时间,无论是理论还是实践上,与一些成熟专业相比都存在较大差距。虽然我们从教师发展专业委员会角度力求整合全国最强的力量,给院校早期教育专业建设与发展提供更科学与实用的教材,但是由于教材的一些编者研究深度不够,实践经验不足,能力和水平有限,一些教材不可避免地在某些方面存在问题,请读者批评指正。非常期望在我们推出这两批早期教育专业系列教材的基础上,能有更高水平的专业教材不断产生。

这批教材的主编由高等院校骨干教师和部分省市的骨干医生承担,编者多来自开办或准备开办早期教育专业的高等院校。在此对他们付出的辛勤劳动与贡献表示衷心感谢!对提供各种支持与帮助的领导、老师、朋友们致以诚挚的谢意!

中国学前教育研究会教师发展专业委员会
叶平枝
2021 年 5 月于广州大学

前　言

0—3 岁婴幼儿阶段是人一生中成长最为迅速的时期，这一时期的教育将会对人一生的生理、认知、自我意识、情绪情感、个性发展及社会适应能力产生极其深刻的影响。

从 0—3 岁婴幼儿生理、心理的发展特点和规律这一角度出发，亲子教育无疑是促进婴幼儿发展的有效途径。本书中对亲子教育课程的界定是：亲子教育课程主要是以 0—3 岁婴幼儿为教育对象，在教师、家长或其他照护者的专业指导下，通过动作、语言、认知、艺术、社会等课程，促进婴幼儿全面发展的一种有计划、有目的的教育活动。

在亲子活动中，孩子的情绪是愉快的，体验是深刻的，所产生的教育影响是潜移默化的。婴幼儿通过参与亲子活动(游戏)，尽情展现自我，体验和反思自己的行为，从而达到教育效果。而家长在与孩子的共同活动中，进一步走进孩子的内心世界，更深入地了解自己的孩子，这种互动是平等、双向的，而非教育者对被教育者单向施教的过程。教师在这一过程中，既要组织、引导婴幼儿积极参与活动，更要通过自己的示范指导，帮助家长更新教育理念，提升教育技能，并将机构中开展的亲子活动有效地延伸至家庭，同时指导家长将亲子活动与婴幼儿一日生活相结合，互相补充，互相促进。

本书的特色与创新体现在以下几个方面。

第一，本书依据国家卫生健康委员会颁布的 0—3 岁托育政策，在借鉴国内外 0—3 岁早期教育相对成熟的课程模式基础上进行内容架构，具有理论前瞻性和国际视野。

第二，本书以“课程”为核心，较为详细地介绍了亲子教育课程的理论基础及具有操作性的设计实施方法，真正做到理论和实践相结合，提升教师的课程设计与实施能力。同时，直观提升教师的课程解读能力，从根本上解决了亲子活动质量不理想的现实问题。

第三，课程内容注重婴幼儿一日生活中各环节的教育价值，使得在机构中进行的亲子活动延伸至家庭，对家庭及托育机构一日生活各环节的活动设计与指导有较强的指导作用，有效解决了托育政策落实过程中托育课程的空白问题。本书以 0—3 岁婴幼儿发展为基础，从婴幼儿发展理论及指导实践中挖掘出常见问题，给予指导，有效解决了新手教师及家长的育儿困惑，从根本上提升亲子活动质量。

本书共有六章：

第一章“婴幼儿亲子教育课程概述”由川北幼儿师范高等专科学校杜芳老师完成。

第二章“婴幼儿亲子教育课程设计”由天津师范大学学前教育学院许晨宇老师完成。

第三章“婴幼儿亲子教育课程的环境创设与材料选择”由江苏抚育安婴幼儿保育服务有限公司张星星、陈玲和陈燕老师共同完成。

第四章“机构中婴幼儿亲子活动的设计与指导”由天津市河西区第一幼儿园刘娜老师和江苏南京新世纪实验幼儿园王丹丹老师共同完成。刘娜老师完成亲子活动实施建议及0—6个月、13—18个月和25—30个月部分的撰写;王丹丹老师完成7—12个月、19—24个月、31—36个月及亲子教学活动设计范例部分的撰写。

第五章“家庭中婴幼儿亲子活动的设计与指导”由天津师范大学学前教育学院许晨宇老师完成。

第六章“婴幼儿养育常见问题及指导建议”由天津师范大学学前教育学院许晨宇老师完成。

全书由笔者担任主编并完成统稿。

本书在编著过程中,参阅了大量文献资料,行文中大多有标明,不周之处还望见谅。在此,向原作者表示真诚的敬意和感谢,向参与本书编著的所有作者,以及出版社的大力支持表示衷心的感谢!

天津师范大学学前教育学院

陈开颜

2021年7月18日

目录

第一章　婴幼儿亲子教育课程概述

☞ **学习目标**

1. 理解亲子教育课程的含义及价值。

2. 能根据案例分析亲子教育课程的基本价值。

一、亲子教育课程的含义

（一）广义的亲子教育课程

课程的界定有多种。有的学者视课程为教学科目，如我国古代的礼、乐、射、御、书、数六艺。有的学者将课程定义为经验。实用主义教育哲学家杜威（John Dewey）认为，教育就是经验的改组或改造，教育是通过经验谋求经验的不断发展，经验是教育的目的。同样，杜威的观点可以理解为，课程就是学习经验。杜威认为，经验是主体与客体主动的交互作用。主体在能动性、实践性和思维性基础上获得经验。① 施良方在其《课程理论》一书中将课程定义归纳为六种，其中包含"课程即学习经验"的阐释。在施良方的论述中，课程试图把握学生实际学到什么，即学生体验到的意义，而不是学生再现的事实或者要学生演示的行为。学生的学习取决于学生自己做了些什么，而不是教师做了些什么，也就是，唯有学习经验，才是学生实际认识到的或学习到的课程。②有的学者认为课程即活动计划，课程是对学习内容的计划性安排，是对学什么、为什么学、怎么学等内容的文本规定。③还有的学者认为课程即活动，这种说法更好地把握了教学中主体与客体、过程与结果之间的关系，追求教育本质。亲子教育课程从广义来看，有的学者界定其为亲子教育，有的则将其定义为亲子游戏。

1. 将亲子教育课程定义为亲子教育

胡育在《试论亲子教育的内涵和功能》一文中对"亲子教育"的内涵解释如下："亲子教育是家庭教育内涵的深化和发展，包含亲职教育和亲情教育两个部分：一为'怎样做父母'的尽

---

①②③　参见：陈飞.应用型本科教育课程调整与改革研究[D].上海：华东师范大学，2014.

职教育；二为父母‘如何与子女建立正向的亲子关系’的情感教育”①，亲子教育应该实现以下几点转变：由以教育子女为主，转向以父母自我教育为主；由父母权威管教为主转为以关系发展和引导为主；由单一家长角色转为医生护士、教师和朋友等多种角色替代；教育方式由一味训斥转为交往中给予子女以关怀、发展和教育，为人格完善奠定基础。②因此，亲子教育应该是提高新一代父母及新一代素质的教育，是具有特殊意义的一种社会教育。吴伟俊认为，亲子教育涵盖了父母教育和子女教育两个方面，是以亲缘关系为主要维系基础，以婴幼儿与家长的互动为核心内容，以建立和谐的亲子关系和爱护婴幼儿身心健康、开发潜能、培养个性，不断提高婴幼儿整体素质为宗旨的一种特殊形态的早期教育；亲子教育不同于家庭教育和儿童教育，它是一种特殊的、专业化程度很高的新型教育模式，强调父母与孩子在情感沟通的基础上实现双向的互动，它不但能够促进婴幼儿形成健康的人格，也能促使父母自身素质不断提高和完善。③谭峰认为，总的来看，这些亲子教育的概念里都强调以父母与孩子之间的关系为基础，强调互动，强调父母教养能力的学习与提高，是对父母和孩子两方面的教育。随着社会的发展，很多父母因工作而无暇照顾自己的孩子，教养的任务落在了孩子的祖辈或保姆及其他照护者身上。④ 综上，亲子教育课程被定义为亲子教育，主要是指针对 0—3 岁婴幼儿及其父母（照护者）开展的，以加深 0—3 岁婴幼儿与父母（照护者）亲密的依恋关系，提高家长科学教育能力为目的的一种社会性教育活动。

2. 将亲子教育课程定义为亲子游戏

李生兰在其研究中提到，亲子游戏是发生在父母和孩子之间的一种特殊活动，父母亲昵地与孩子接触，孩子是游戏的主体，亲子游戏应当使孩子感到有趣、快乐，在轻松、愉快的气氛中发展身心。⑤刘媛认为，亲子游戏的参与者应当是亲子双方——父亲和孩子，或者母亲和孩子，或者父母双方和孩子共同组成；每周亲子游戏不少于 3 次，亲子间每次进行游戏的时间不少于 20 分钟，亲子游戏的种类不少于 5 种，当亲子间的游戏活动达到以上标准时，我们就论定其家庭拥有“亲子游戏”。⑥刘立民认为，亲子游戏是家庭内部父母与孩子之间以亲子感情为基础，以家长与婴幼儿的互动游戏为核心内容，目的在于全方位开发孩子运动、语言、认知、情感、社会交往、创造力等多种能力，帮助孩子由一个“自然人”向一个“社会人”过渡的一种亲子互动活动。亲子游戏是建立在血缘关系的基础上，以家长和孩子共同游戏为形式的

---

① 胡育.试论亲子教育的内涵与功能[J].教育科学，2002，6(8)：47－50.
② 陈雅芳，曹桂莲.0—3 岁儿童亲子活动设计与指导[M].上海：复旦大学出版社，2014：2.
③ 吴伟俊.0—3 岁亲子园教育问题及对策研究[D].武汉：华中师范大学，2007.
④ 谭峰.亲子教育机构中教师对家长指导策略的研究——以桂林市 A 中心为例[D].桂林：广西师范大学，2008.
⑤ 李生兰.学前儿童家庭教育[M].上海：华东师范大学出版社，2000：168.
⑥ 刘媛.北京市回龙观 3—6 岁幼儿家庭亲子游戏开展现状及影响因素分析[D].北京：北京体育大学，2013.

一项活动。[①]尹芳认为，亲子游戏是父母与孩子之间，以亲子之间血缘情感为基础而进行的一种活动，是亲子双方进行交往活动的一种重要形式。除了具有游戏的基本特征之外，自身还具有情感性、发展性、互动性、随机性等独特性质。[②] 综上所述，亲子游戏是父母与0—3岁婴幼儿之间进行的一种有一定频率的活动，是促进父母与孩子情感交流的重要手段，是以促进婴幼儿语言、动作、社会等方面发展为目的的一种教育活动。

（二）狭义的亲子教育课程

狭义的亲子教育课程被定义为托育机构教育和亲子活动。

1. 托育机构教育

托育机构教育主要是指由托育机构这一社会教养机构开展的教育活动。由于具体的课程内容编制存在不同，人们对“托育机构教育”这一概念的认识也不同。例如，有的研究者认为托育机构教育是指在托育机构内，由教师有计划、有目的地指导婴幼儿与家长开展以互动为特点，以婴幼儿生活为内容，以游戏为形式，以开发婴幼儿潜能为直接目的，以提高家长育儿水平为间接目的的一种特殊的教育模式。[③]有的研究者则认为0—3岁的婴幼儿托育机构教育应该是以社区为依托，以亲子活动为主要组织形式，面向0—3岁婴幼儿及其家长（照护者）所开展的，以促进婴幼儿发展及提高家长（照护者）教养水平的一种社区早期教育形式。[④]因此，托育机构教育主要是指以托育机构为依托，在此基础上由托育机构根据相关法律法规设置合适的课程计划，与家长（照护者）共同促进婴幼儿发展的一种社会活动。

2. 亲子活动

由于每个托育机构开展的活动以及具体的内容会有所区别，很多研究者将亲子教育课程定义为亲子活动，认为亲子活动即家长（照护者）通过与0—3岁婴幼儿互动来促进婴幼儿发展的一种教育方式，可以在家庭开展，也可以在托育机构开展。家长随时随地的陪伴也被称为亲子活动，是促进0—3岁婴幼儿积极主动发展的一种具有示范性、指导性和实践性的教育活动。常见的亲子活动类型主要有分散自主的个别活动和集体开展的亲子活动。[⑤] 具体可见表1-1。

---

① 刘立民.倡导亲子游戏的意义与策略[J].鞍山师范学院学报，2009(1)：99-102.

② 尹芳.重庆市主城区幼儿家庭亲子游戏现状的研究[D].重庆：西南大学，2003.

③ 陈雅芳，曹桂莲.0—3岁儿童亲子活动设计与指导[M].上海：复旦大学出版社，2014：3.

④ 吴伟俊.0—3岁亲子园教育问题及对策研究[D].武汉：华中师范大学，2007.

⑤ 陈雅芳，曹桂莲.0—3岁儿童亲子活动设计与指导[M].上海：复旦大学出版社，2014：4-6.

表 1-1　托育机构的半日活动安排示例

时　间	内　　容
8:30—9:00	入园接待：教师和家长、孩子进行交流。
9:00—9:20	集体亲子活动：点名游戏(认识自我,认识小伙伴)。
9:20—9:30	如厕、盥洗、喝水。
9:30—10:00	分散自主亲子活动：搭积木、颜色配对、画画等。
10:00—10:10	如厕、盥洗、喝水、吃点心、水果。
10:10—10:40	户外自由活动(走、跑、跳等身体运动为主)。
10:40—10:50	如厕、盥洗、喝水。
10:50—11:20	自由亲子阅读活动。
11:20—11:30	离园：教师与家长交流。

二、亲子教育课程的价值

随着时代发展和科学进步,越来越多的托育机构如雨后春笋般涌现,这说明全社会越来越重视 0—3 岁婴幼儿的教育。托育机构开设的亲子教育课程不仅要满足 0—3 岁婴幼儿的发展需求,也要帮助教师和家长建立早期教育理念,掌握科学的教育方法。

(一) 对婴幼儿发展的价值

《托育机构保育指导大纲(试行)》中指出:"托育机构保育是婴幼儿照护服务的重要组成部分,是生命全周期服务管理的重要内容;通过创设适宜环境,合理安排一日生活和活动,提供生活照料、安全看护、平衡膳食和早期学习机会,促进婴幼儿身体和心理的全面发展。"

在托育机构中开展亲子教育课程,对于婴幼儿的发展有重要意义,主要体现在以下几个方面。

1. 促进婴幼儿认知能力的发展

《托育机构保育指导大纲(试行)》在婴幼儿认知发展目标中指出,要帮助婴幼儿充分运用各种感官探索环境,有好奇心和探索欲,逐步发展认知能力,学会想办法解决问题。通过创设专业的婴幼儿亲子教育课程,提供专业的玩教具,可以鼓励婴幼儿积极探索,发展婴幼儿的感知能力,引导其认识事物的特征,激发婴幼儿的想象力和创造力,促进其认知能力的发展。在 0—3 岁的早期亲子教育课程中,通过与家长的互动,婴幼儿不断增长感性的认识,不断付诸行动上的尝试(如,抓握、捏等动作行为),在不断重复的动作中慢慢积累感性经验,为今后进一步认识世界奠定基础。例如,刚出生的婴儿对世界充满了好奇。在婴儿出生 15 天左右,我们就可以使用黑白卡对其进行视觉追踪训练,之后,可以使用彩色卡对其进行视觉追踪训练，帮助其慢慢感知色彩，认识红、黄、蓝三原色等。这些，都需要设置专业的早期亲子教育课程，给家长进行专业的培训，促进 0—3 岁婴幼儿认知能力的发展。

2. 促进婴幼儿社会情感的发展

《托育机构保育指导大纲（试行）》在婴幼儿情感与社会性目标中指出，要让婴幼儿有安全感，逐步发展情绪和行为的自我控制，发展初步的社会交往能力。在亲子活动中，可以通过创设安全的、温暖的、充满爱的环境，减轻婴幼儿的陌生人焦虑，帮助其建立良好的亲子依恋；可以进一步帮助婴幼儿理解日常交往的规则。同时，在与成人的游戏和语言交流中，成人的示范，待人接物的谦让、宽容、耐心等态度，能让婴幼儿体验到融洽的社会交往关系，促进其社会交往能力的发展。比如，刚出生的婴儿来到完全陌生的世界，其睡觉时会小手乱抓或是突然哭泣。这些肢体动作是在表达害怕，这时，需要家长（照护者）及时将其抱起进行安慰，这样，才能进一步帮助婴幼儿建立对陌生环境的安全感，同时建立婴幼儿与家长的亲密依恋关系。

3. 促进婴幼儿动作水平的发展

《托育机构保育指导大纲（试行）》中指出，婴幼儿动作发展的目标是掌握基本的大运动技能和达到良好的精细动作发育水平。沈金燕在其研究中指出，在婴幼儿出生第一年，首先发展的是基本动作能力，包括抬头、摇头、点头、拍手、坐、爬、站、走等；第二年从走到跑、踢、扔、推等；第三年开始双脚跳、投球、骑小车等。[①] 只有我们掌握专业的育儿知识，了解婴幼儿动作发展的基本顺序，在此基础上设置专业的亲子教育课程，遵循婴幼儿的发展规律，才能更好地促进婴幼儿的发展。婴幼儿基本动作的发展是学习其他知识的基础，亲子教育课程中的运动类课程能帮助婴幼儿获得基本的动作技能平衡能力和四肢协调能力，而且亲子教育课程中的很多益智类课程也包含了许多重复性动作，这正符合 0—3 岁婴幼儿独自游戏的游戏发展水平，如搭积木、串珠、捏娃娃、拼图等游戏课程，不仅提高了婴幼儿手指的灵活性，也促进了其手眼协调能力的发展。

4. 促进亲子关系的发展及婴幼儿个性的完善

开设亲子教育课程，有助于加深亲子之间的情感联结，促进婴幼儿个性的完善和发展。亲子教育课程主要针对父母和婴幼儿共同开展，目的在于促进婴幼儿与父母之间亲密关系的发展。在婴幼儿亲子教育课程中，通过彼此的身体接触与视线交流，婴幼儿得到来自父母更多的爱与关注，父母在游戏中或是活动中通过对婴幼儿的积极回应，使婴幼儿产生极大的信任和满足，使婴幼儿长期处于一种积极的情绪体验中，从而为其以后活泼、开朗、自信、积

① 沈金燕.对 0—3 岁婴幼儿亲子游戏的认识与指导[J].和田师范专科学校学报（汉文综合版），2011(2)：57－58.

极的个性发展奠定基础。例如，有研究表明，刚出生就让奶奶带的孩子和出生后一直在父母身边长大的孩子，性格会迥然不同，与父母之间的情感联结也会不一样。一般来说，奶奶带大的孩子会和奶奶亲，和父母会有些疏远；父母自己带大的孩子与父母之间的情感会更加深厚，会更依赖父母，在个性方面也会表现得更为自信。因此，有必要建构专业的亲子教育课程，为更多的家庭带去更为专业的指导，培养更为自信的孩子，加深亲子间的依恋关系。

5. 促进婴幼儿语言能力的发展

《托育机构保育指导大纲（试行）》在婴幼儿语言发展方面的目标中指出，要让婴幼儿对声音和语言感兴趣，学会正确发音；学会倾听和理解语言，逐步掌握词汇和简单的句子；学会运用语言进行交流，表达自己的需求；愿意听故事、看图书，初步发展早期阅读的兴趣和习惯。亲子教育课程中会运用儿歌，让父母与婴幼儿一起边玩边唱、一问一答，激发婴幼儿对语言的感知、发音的兴趣，进而更为主动地与他人交流，促进其语言能力的发展。通过创设专业的亲子教育课程，能够帮助婴幼儿进一步学习语言，提升语言表达能力及对周围事物的认知能力。在目前的一些早期亲子教育课程中，专门设置了阅读课程。在专业教育理念的指导下，家长学会带领婴幼儿阅读绘本，通过绘本阅读，让婴幼儿感知语言和图画的魅力，慢慢学会自主阅读，为今后的学习奠定基础。例如，在家长的陪伴下阅读绘本《红黄蓝》，婴幼儿既能认识三原色，又能感知色彩的美丽，培养对色彩的敏感度。

（二）对教师的价值

目前，国内的托育机构基本都有自己的课程体系，但缺乏统一的标准。建立一套科学完善的亲子教育课程体系对于教师的价值主要体现在以下三个方面。

1. 完善0—3岁早期教育的教学体系

现阶段，0—3岁早期教育的教学体系还不完善。亲子教育课程可以帮助教师更好地完善和设计适合婴幼儿发展的教学内容。在了解婴幼儿语言、动作、社会情感方面发展规律的基础上，可以更好地梳理0—3岁早期教育的教学体系，在不同的月龄段开展适合婴幼儿发展、适合家长参与的婴幼儿亲子教育课程。比如，在整个教学体系中，可以将分散类婴幼儿亲子教育课程与集体类婴幼儿亲子教育课程相结合，在课程安排上不再仅仅局限于集体类婴幼儿亲子教育课程。另外，根据婴幼儿的年龄段，我们可以设置不同的课程内容。比如，7—12个月的婴幼儿，其动作发展更为灵活，身体活动范围逐步扩大，双手可以模仿更多的动作，进入语言的萌芽期。因此，我们可以开始设置更多的活动来使婴幼儿的精细动作获得发展，并设置一些语言游戏，促进婴幼儿语言能力的发展（见表1-2）。对于教师来说，了解各个年龄段婴幼儿的发展水平，并在其基础上设置相关教学内容，编制完善的早期教育教学体系是必须掌握的一项技能。

表 1－2　7—12 个月婴幼儿亲子教育课程的编制①

课程属性	课程名称	课程目的
语言游戏	你好	引导婴幼儿学会用点头表示“你好”，感受语言的韵律。
音乐游戏	小飞机	鼓励婴幼儿用简单的肢体动作学习“飞”，通过转圈等动作刺激其前庭器官的发育。
美工游戏	车轮滚画	引导婴幼儿用玩具车轮学习滚画，培养其想象力和动手操作能力。
体能游戏	爬爬乐	引导婴幼儿手膝着地，抬头往前爬，促进其爬行能力的发展。
精细动作	摘星星	鼓励婴幼儿学习摘夹子的动作，促进其手眼协调能力的发展。
感统游戏	抓球	鼓励婴幼儿双手抓握海洋球，并能在滚筒上保持身体平衡。
感官游戏	好玩的玉米淀粉	鼓励婴幼儿用小手捏、搅拌面粉，刺激其触觉及感官的发展。
视觉游戏	追泡泡	鼓励婴幼儿大胆追泡泡，并用手去抓泡泡，锻炼其视觉追踪能力。
认知游戏	躲猫猫	引导婴幼儿与家长（照护者）玩“躲猫猫”游戏，发展其空间感。

2. 促进教师专业化成长

对教师来说，有专业的早期教育书籍作为依据有助于设计、组织更为专业的亲子活动。比如，在设计亲子主题活动时，如果教师了解亲子教育课程的理念，掌握亲子教育课程的教学方法，就可以邀请部分有热情、时间和精力的家长参与活动设计，倾听家长在育儿过程中遇到的困惑，分享教育经验，共同选择参与人员都比较感兴趣的活动主题。教师也可以在开展亲子游戏活动前，向家长具体介绍本次亲子游戏活动的目的、意义以及活动中应该重点关注的教育内容，并解释当孩子遇到困难时，家长应当怎样进行积极的帮助等。另外，在开展亲子游戏活动的过程中，教师可以运用示范法，亲自对婴幼儿进行指导，或是给家长示范指导方法，告诉家长指导的环节和指导的时机。教师也可以运用问题指导法，针对家长与婴幼儿在活动中出现的具体问题，适时给予一些有效的策略和建议，并向家长解释原因，让家长“知其然”，也能“知其所以然”。与此同时，部分家长会有一些不恰当的教育行为和观念，如攀比心理、责骂孩子、过度帮助、揠苗助长等。当教师发现这些不恰当的现象或行为时，应当及时阻止并进行教育与疏导。在教师专业的指导和帮助下，家长能够真正关注婴幼儿的发展过程，有的放矢地对孩子的行为进行观察和指导。在每次亲子活动结束后，教师可以召开小型家长会，对整个亲子游戏活动过程进行总结，将活动中较好的亲子互动方法和过程归纳出来与家长分享，并进行分析和讲解，鼓励家长尝试将这些好的教育观念和策略运用到家庭亲子互动过程中，为孩子创设良好的发展环境。

① 陈海丹.0—3 岁亲子早教课程[M].上海：复旦大学出版社，2020：3－23.

3. 提供专业的教养支持

《托育机构保育指导大纲(试行)》中指出,托育机构保育应遵循尊重儿童、安全健康、积极回应、科学规范这四个基本原则。根据国家要求及地方需求编制适宜的婴幼儿亲子教育课程,帮助托育机构一线教师了解专业的教养方式,合理规范地安排婴幼儿的生活活动,满足婴幼儿生长发育的基本需求,同时建立符合规范且覆盖营养与喂养、睡眠、生活与习惯、动作、语言、认知、情感与社会性相关内容的婴幼儿亲子教育课程,了解每一个月龄段婴幼儿发展的需求,提供适宜的指导建议,促进婴幼儿生活能力、社会交往能力、认知能力等方面的发展,是非常有必要的。例如,对于 7—12 个月的婴幼儿,教师及家长要学会及时更换尿布、识别婴幼儿不同的哭闹声所代表的需求;对于 13—36 个月的婴幼儿,要培养其自主如厕、穿脱衣服、自主进餐等能力。在专业的亲子教育课程的指导下,教师能知道自己面对不同月龄段的婴幼儿应该做什么,这样才能帮助婴幼儿获得进一步的发展。

(三)对家长的价值

1. 密切亲子关系

0—3 岁婴幼儿基本的表达方式是哭闹、抓握等一些基本动作行为和尚未发展完善的儿语。专业的亲子教育课程可以更好地帮助家长了解和掌握婴幼儿身心发展特点和规律,有目的地照顾婴幼儿,促进婴幼儿的发展,密切婴幼儿与父母之间的情感联系,促进良性依恋关系的发展。

创设亲子教育课程可以为家长和婴幼儿创设良好的交流情境。一方面,家长能够参与亲子教育课程,让婴幼儿心灵上感到无比的温暖,产生强烈的安全感,增加参与活动的勇气,表现得更为积极。另外,家长与婴幼儿之间的语言交流,能带给婴幼儿极大的愉悦感,满足婴幼儿对爱的需要。教师与家长对婴幼儿在活动中的共同关注,会让婴幼儿产生更为强烈的成就动机。婴幼儿在这样安全、愉悦的环境之下,乐于参与互动,与小伙伴一起游戏,促进社会情感的发展。另一方面,在亲子游戏活动中,家长能够通过观察更加直观地了解自己的孩子与他人交往中的各种行为表现,从而对孩子的发展水平产生更为全面和客观的判断,也能够学习和借鉴其他家长与孩子较好的沟通方式,加强与孩子之间的沟通,潜移默化地帮助孩子提升能力。在专业的亲子教育课程的指导下,家长和婴幼儿的关系会更为密切。专业的亲子教育课程既能提升家长保育水平的专业性,也能促进婴幼儿达到既定的目标。

2. 提升家长育儿的科学性和有效性

目前,早教市场比较混乱,很多家长也很苦恼,不知道究竟什么样的托育机构适合自己的孩子。而且,多数托育机构自营课程费用昂贵,使许多家长望而却步。事实上,昂贵的课程多数是为了盈利，对婴幼儿及家长的帮助并不大。因此，为广大家长提供专业的亲子教育指导，在一定程度上更能帮助家长获取科学有效的育儿方法。

没有经过专业培训的父母多数时间在凭经验育儿，缺乏婴幼儿生长发育的相关知识。例如，婴儿出生时就具有先天的吸吮反射；不同的哭声代表不同的需求；9个月以后的模仿发音开始具有社会意义，并与特定的人或物对应等。

家长通过专业的婴幼儿亲子教育课程，可以了解0—3岁婴幼儿在不同月龄段的生理、心理发展特点，进而根据婴幼儿不同的发展水平提供不一样的教养支持。例如，当婴幼儿可以进行五指分开抓握物体时，就可以提供一些材料让其学会二指捏、三指抓等；当婴幼儿会发出ma-ma、ba-ba的声音时，就可以多和孩子进行a的语音训练。

拓展阅读

表1-3　19—24个月幼儿发展水平及育儿要点①

月龄	生理发育	发展潜能	育儿要点
19个月	体重增加约0.18千克 身高增加约0.9厘米 会向不同方向抛球 能用蜡笔在纸上画出线痕 自己用勺吃饭能吃掉一部分	喜欢爬上爬下 合着音乐跳、做模仿操 指认身体部位 模仿扫地、洗衣 听数数、念儿歌	制订合理的食谱 鼓励幼儿大胆学话 每天至少给幼儿讲一次故事 带着幼儿侧身走、倒着走 带着幼儿玩橡皮泥 用棍取物 拿勺吃饭、学脱裤子 学做模仿操 建立合理的生活制度
20个月	体重增加约0.18千克 身高增加约0.9厘米 会用脚尖走3—4步 方积木搭高6块 找出方形和三角形 讲3—5个字的句子	喜欢把物品拆开研究 把周围物品摆来摆去 帮助大人做事 玩球 听短故事	保证食物的营养 布置适度的“刺激”环境 用脚尖走路、追球跑 学折纸、叠手帕 学认“上”“下” 问答、说3—5个字的句子 了解对应关系 郊游 大小便时让幼儿练习自己拉下裤子
21个月	体重增加约0.18千克 身高增加约0.9厘米 会跑，但自己停不下来 自己能上下矮床 扶墙上楼(3—5级) 会背一两句儿歌 开口表达个人需要	喜欢跑 模仿成人做事 学说儿歌 指认书中物品 拼接物体、玩橡皮泥 在纸上画记号 回答简单问题	合理选择零食 练习奔跑，自己上、下楼梯 用笔连线作画 理解对应关系 学数1—5 背1—2句儿歌 看图书讲故事 “过家家” 让幼儿自己吃饭

① 参见：陈明霞.婴幼儿亲子活动课程(19—24个月)[M].上海：复旦大学出版社，2018：5.

续 表

月 龄	生 理 发 育	发 展 潜 能	育 儿 要 点
22 个月	体重增加约 0.26—0.29 千克 身高增加约 1.17 厘米 扭门把，掀开门 说出常见物的用途 会指 1 和多(3 个以内)	喜欢爬上爬下 将熟悉的形状进行匹配 带着物品上床玩 将容器盖上盖子或打开 模仿成人的动作 玩气球	防止幼儿挑食偏食 熟悉了解幼儿的状态 跳跃练习 积塑游戏 比较大小、多少 鼓励说“我” 家庭事故的预防
23 个月	体重增加约 0.26—0.29 千克 身高增加约 1.17 厘米 学会跑、较稳 会用棍子取出大小两种玩具 会口数 1—5 会说“这是我的”	喜欢奔跑 将钉、栓塞入孔中 堆搭积木 搬弄开关 听小故事	注意饮食安全 让幼儿享受玩具的乐趣 踢球、砖上走 涂色、画线 选用工具取物 复述简单话语 学习简单行为规则 掌握常见事故的处理方法
24 个月	体重增加约 0.26—0.29 千克 身高增加约 1.17 厘米 心率每分钟 100—120 次 呼吸每分钟 25—30 次 双足跳离地面 能一页页翻书 说自己几岁 会自己脱裤子	喜欢“躲猫猫”游戏 用线穿珠子 指认书中图画 跳上、跳下台阶 念简短儿歌	合理饮食、预防成年期疾病 攀登、跳跃 翻书、装线入瓶 给扑克牌分类接龙 看图问答 开始进行有益于心血管健康的锻炼 月末常规体检

（四）对托育机构的价值

1. 进一步提升专业性

目前，社会上对托育机构的看法褒贬不一，有的认为托育机构仅仅是为了赚钱，对婴幼儿的帮助不大；有的认为托育机构在一定程度上减轻了父母的教养压力，为家长提供了很好的教养支持。面对这一现状，建立专业的亲子教育课程势在必行，这有助于进一步解除家长的疑虑，提升托育机构的专业性。

专业的亲子教育课程可以为教师和家长搭建有利的教育合作平台。对 0—3 岁婴幼儿的教育是家庭、社会共同的责任。托育机构开展的各类型亲子教育活动为教师帮助、指导家长开展亲子教育搭建了良好的平台。家长在参与亲子教育活动的过程中，对托育机构的教育理念、教育目标、教育内容和教育方式有了更多的了解。教师可以在互动中促进家长育儿理念的改进及早期教育方法的更新，及时帮助家长解决养育过程中存在的困惑。专业的婴幼儿亲子教育课程进一步提升了托育机构的专业性，能够使家园合作更好地展开。

2. 提高保育质量

对于托育机构来说，实现高质量的可持续发展，离不开优质保育，这又与建设专业的亲子教育课程密不可分。随着社会和时代的进步，家长的文化水平越来越高，家长越来越关心国家政策，也越来越重视托育机构的专业性。因此，只有建设专业的亲子教育课程，才能够满足家长的需求。

建设专业的亲子教育课程，在一定程度上能够提高教师的教养专业水平，进而更好地指导家长，促进婴幼儿的发展。同时，专业的婴幼儿亲子教育课程进一步促使托育机构不断提高保育质量，更好地为家长和婴幼儿服务。

3. 密切家园联系

《托育机构保育指导大纲（试行）》中指出，托育机构应当建立信息管理、健康管理、疾病防控和安全防护监控制度，制定安全防护、传染病防控等应急预案，切实保障室内外环境卫生，注意防范和避免伤害，确保婴幼儿的安全和健康；托育机构应当与家庭、社区密切合作，充分整合各方资源支持托育机构保育工作，向家庭、社区宣传科学的育儿理念和方法，提供照护服务和指导服务，帮助家庭增强科学育儿能力。因此，建设专业的亲子教育课程，不仅能促进托育机构更为专业地指导和支持家长育儿，同时让家庭与托育机构的关系更为密切，让家长更信任托育机构的专业性，信任教师的专业能力，更愿意将孩子送到托育机构，愿意与托育机构合作，促进形成科学的育儿理念，掌握科学的育儿方法。

综上所述，亲子教育课程主要是以0—3岁婴幼儿为教育对象，在教师、家长或其他照护者的指导下，通过实施动作、语言、认知、艺术、社会等课程，促进婴幼儿全面发展的一种有计划、有目的的教育活动。

拓展阅读

“幼儿入园严重分离焦虑”与亲子园教育①

每年9月幼儿园新生入园时，最让老师烦恼的问题是幼儿的“哭闹”现象，这在幼儿心理发展上称为“分离焦虑”。从婴幼儿心理发展进程来看，婴幼儿出现分离焦虑的正常年龄是6个月至2岁左右，如果一个孩子在3岁之后入园仍然存在严重的“分离焦虑”，说明其情绪情感发展出现问题，社会性发展滞后。这会给婴幼儿身心健康发展带来一系列问题，轻则情绪郁闷、内心恐惧，重则自我封闭，出现病理现象。

儿童心理学研究证明，母亲是幼小孩子心理上的“安全基地”。孩子从寸步不能离开母亲，到逐渐可以在看得见母亲的范围内和小朋友们一起玩，最后能够离开母亲，在集体中独立生活。0—3岁亲子园正好给孩子提供了这种适应儿童心理发展进程的场所。

① 陈雅芳，曹桂莲. 0—3岁儿童亲子活动设计与指导[M]. 上海：复旦大学出版社，2014：13-14.

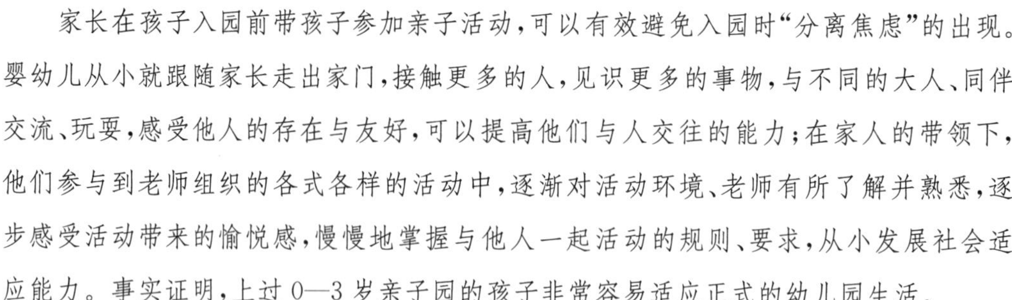

家长在孩子入园前带孩子参加亲子活动，可以有效避免入园时“分离焦虑”的出现。婴幼儿从小就跟随家长走出家门，接触更多的人，见识更多的事物，与不同的大人、同伴交流、玩耍，感受他人的存在与友好，可以提高他们与人交往的能力；在家人的带领下，他们参与到老师组织的各式各样的活动中，逐渐对活动环境、老师有所了解并熟悉，逐步感受活动带来的愉悦感，慢慢地掌握与他人一起活动的规则、要求，从小发展社会适应能力。事实证明，上过0—3岁亲子园的孩子非常容易适应正式的幼儿园生活。

【本章小结】

本章主要从广义和狭义两个方面介绍了亲子教育课程的基本含义，探讨了亲子教育课程对婴幼儿发展、教师、家长以及托育机构的价值。

【复习与思考】

1. 名词解释：亲子教育课程，亲子游戏，亲子活动。
2. 简述亲子教育课程的价值。

第二章　婴幼儿亲子教育课程设计

☞ **学习目标**

1. 理解婴幼儿亲子教育课程理念的理论基础并掌握课程理念的建构方法。
2. 了解婴幼儿亲子教育课程目标的来源和设计要求，掌握亲子教育课程目标的设计方法。
3. 了解婴幼儿亲子教育课程内容的来源，掌握亲子教育课程的内容设计原则和组织方法。
4. 理解婴幼儿亲子教育课程评价的作用，掌握亲子教育课程评价的内容和方法。

一、婴幼儿亲子教育课程理念

课程理念是课程的灵魂。对课程设计者而言，它是课程设计的理论依据；对教师而言，它是课程质量的源泉，只有深入理解课程理念才能编制好课程。课程理念是课程观念的集合。课程的观念不是主观上随意的想法，它必须建构在科学的理论基础上。婴幼儿亲子教育课程理念的理论基础包括心理学基础、生理学基础、哲学基础、社会学基础、教育学基础。

（一）婴幼儿亲子教育课程理念的理论基础

1. 心理学基础

认知心理学派的代表人物皮亚杰（Jean Piaget）提出，认知发展受三个过程的影响：同化、顺应和平衡。认知发展分成感知运动阶段、前运算阶段、具体运算阶段和形式运算阶段四个按不变顺序相继出现的、具有质的差异的阶段。皮亚杰揭示了儿童认知发展的规律。

建构主义理论是认知心理学派的一个分支，内容很丰富，其核心可以概括为一句话：以学生为中心。强调学生对知识的主动探索、主动发现和对所学知识意义的主动建构（而不是像传统教学那样，只是把知识从教师头脑中传送到学生的笔记本上）。以学生为中心，强调的是“学”。

历史文化学派维果茨基（Lev Vygotsky）的理论中，“最近发展区”“鹰架教学”和“心理工具”这三个概念是对包括幼儿园课程在内的教育理论和实践影响最为直接的概念。

精神分析学派弗洛伊德(Sigmund Freud)将人的心理分为意识、前意识和潜意识三个区域,并在此基础上提出了人格结构说。弗洛伊德认为,人格由本我、自我和超我三部分构成。埃里克森(Erikson)将人的心理发展分为八个阶段,并指出了各阶段存在的特殊心理冲突:婴儿期(0—1.5 岁):基本信任对不信任的心理冲突;儿童期(1.5—3 岁):自主对害羞(或怀疑)的心理冲突;学龄初期(3—6 岁):主动对内疚的心理冲突;学龄期(6—12 岁):勤奋对自卑的心理冲突;青春期(12—18 岁):自我同一性对角色混乱的心理冲突;成年早期(18—40 岁):亲密对孤独的心理冲突;成年期(40—65 岁):生育对自我专注的心理冲突;成熟期(65 岁以上):自我调整与绝望的心理冲突。

行为主义代表人物华生(John Broadus Watson)和斯金纳(Burrhus Frederic Skinner)认为,任何习得的行为都与及时强化有关,可以通过强化塑造儿童的行为;练习之所以重要,是因为它在儿童行为形成中为重复强化的出现提供了机会。

2. 生理学基础

早期教育的理论根源在于对大脑的研究。视觉皮层内突触的数目,出生时每个神经元约 2 500 个,到 6 个月后增加到 18 000 个(7.2 倍),突触的浓度在 2 岁时达到最高浓度,约为成人的 1.5 倍,保持此浓度到 10—11 岁。① 突触的连接形成神经回路,那些重复的神经活动相关的神经回路被持久地保持下来,其他的则被修剪掉。突触连接的形成标志着婴儿能力的提升。对父母和照护者来说,要经常与婴幼儿一起交流、游戏,给婴幼儿适当的刺激,这样有助于大脑形成神经联系,学习才能够发生。当大脑联系被反复使用时,它们就会变成永久性联系。

另一个对早期教育起重要影响的是感觉统合理论。这一理论由美国南加州大学临床心理学博士爱尔丝(Anna Jean Ayres)于 1969 年系统提出。爱尔丝博士认为,感觉统合是指将人体器官各部分感觉信息输入组合起来,经大脑统合作用,完成对身体内外知觉做出正确反应。学龄前儿童易于接受感统活动并及时作出调整。在这一阶段充分锻炼儿童的感觉统合能力,可以有效预防或治疗感统失调。

3. 哲学基础

人与人、人与社会、人与自然的关系问题是人类始终思考的重大哲学问题。要使人获得自洽的心理状态,与社会、与自然和谐发展,就要重视生命早期的教育。首先,要提升儿童的主体性,满足儿童发展的需要。1 岁末,人的自我意识开始产生,2 岁时达到高峰,即人生第一个叛逆期。此时,儿童深刻认识到自己是独立于他人的个体,有自己的想法并可以支配行为,他们反复说“不”,以此来显示自己的独立。我们应了解儿童、尊重儿童,满足其合理需

① 鲍秀兰,等.0—3 岁儿童最佳的人生开端[M]. 北京:中国发展出版社,2006:95.

要，提升儿童的主体性，以此促进其形成积极的自我认识。其次，实现儿童与自然、社会、自我的和谐发展，使儿童获得自由与幸福。认识自我之后，要解决的问题就是人与自然、社会和自我的关系问题，自然、社会是人类主要的生活场所，婴儿从出生起就与其发生关系，贯穿整个生命周期。帮助儿童认识自然、了解社会，并与自我和谐相处，是提升生命质量的关键。

4. 社会学基础

布朗芬布伦纳(Urie Bronfenbrenner)的生态系统理论提出个体发展模型，强调发展中的个体处于一系列相互影响的环境系统之中。在这些系统中，系统与个体相互作用，并影响着个体发展。

环境层次的最里层是微观系统，指个体活动和交往的直接环境。这个环境是不断变化和发展的，是环境系统的最里层。对大多数婴儿来说，微系统仅限于家庭。随着不断的成长，婴幼儿的活动范围不断扩展，幼儿园、学校和同伴关系不断纳入其微观系统中来。对学生来说，学校是除家庭以外对其影响最大的微观系统。

第二个环境层次是中间系统。中间系统是指各微观系统之间的联系或相互关系。布朗芬布伦纳认为，如果微观系统之间有较强的积极的联系，发展可能实现最优化。相反，微观系统间的非积极的联系会产生消极的后果。儿童在家庭中与兄弟姐妹的相处模式会影响其在学校中与同学的相处模式。如果在家庭中，儿童处于被溺爱的地位，在玩具和食物的分配上总是优先，那么一旦在学校中享受不到这种待遇，则会产生极大的不平衡，不易于与同学建立和谐、亲密的友谊关系，甚至会影响教师对其指导教育的方式。

第三个环境层次是外层系统，是指那些儿童并未直接参与但对他们的发展产生影响的系统。例如，父母的工作环境就是外层系统影响因素。儿童在家庭的情感关系可能会受到父母是否喜欢其工作的影响。①

5. 教育学基础

教育学理论对早期教育具有重要影响。意大利教育家蒙台梭利(Maria Montessori)通过长期对儿童的观察，提出科学系统的教育方法。蒙氏教育强调双手工作、自我教育，着重培养孩子的秩序感、专心、手眼协调、独立这四种能力。蒙氏教育有四个发现：第一，儿童具有与生俱来的吸收性心智；第二，儿童成长过程中存在敏感期；第三，儿童的发展具有阶段性；第四，儿童的发展是通过“工作”实现的。

(1) 儿童具有与生俱来的吸收性心智

吸收性心智是一种受“潜在生命力”驱动的儿童所特有的无意识的记忆力，吸收环境并

① 刘杰，孟慧敏. 关于布郎芬布伦纳发展心理学生态系统理论[J]. 中国健康心理学杂志，2009，17(2)：251.

加以适应的能力，它表现为儿童所经历的这些事情都将自然地成为其心理的一部分。[①]

(2) 儿童成长过程中存在敏感期

敏感期指儿童在某一年龄段会对某种特定技能表露出强烈的兴趣及学习能力。这个阶段去学习相应的内容会起到很好的效果。敏感期主要包括以下几个方面。

① 感觉敏感期

从出生至 6 岁是儿童感觉的敏感期。[②]这个阶段的儿童通过各种感觉器官感受外界事物。例如，通过视觉器官辨认颜色、方向，通过听觉器官辨别音高音低，通过触觉器官感受物体材质等。儿童会综合运用感官感知生活，例如，1—2 岁的儿童会兴趣盎然地注意到极细小的东西。感官经验为后期更高层次的智力发展奠定基础。

② 语言敏感期

蒙台梭利认为语言的敏感期是从出生后 2 个月开始到 8 岁。其中，1—3 岁是语言敏感期的高峰时期。儿童在学习语言的过程中，先是对人的声音感兴趣，在感受声音的基础上对词感兴趣，最后对复杂的语法结构感兴趣。[③]

③ 秩序敏感期

秩序的敏感期最早出现于 2 岁左右，大约持续两年，3 岁左右表现最为明显。环境中的所有物体是否放在平常习惯放置的地方？一天的各种活动是否按照自己已经熟悉和习惯的顺序进行？这些问题对于处于这一时期的儿童来说都是非常重要的事情。[④]我们要理解和尊重孩子，知道其秩序敏感期需要建立界限与规则，为孩子提供一个有序的环境，并能持之以恒地、坚定地维护它。

④ 运动敏感期

蒙台梭利认为运动的敏感期处于出生到 4 岁之间。[⑤]这个阶段的儿童喜欢探索空间，最早表现为爬、抓、移动物体等，稍大些则喜欢爬高、旋转、扔东西等。早期运动能力的发展对身心发展甚至人格形成都有积极的影响。

(3) 儿童的发展具有阶段性

0—3 岁是心理的胚胎期，3—6 岁是儿童个性初步形成的时期。6—12 岁儿童成长的特点是稳定性，这是儿童增长学识和艺术才能的时期。教育的重点由感觉练习转向抽象的智力活动。12—18 岁是青春期。这一时期的人不仅在生理上有许多变化，身体达到完全成熟，而且有理想，有爱国心和荣誉感，能根据自己的兴趣探索事物。我们要了解并遵循其发展的阶段性，才能有效促进幼儿发展。

---

①②③④⑤ 霍力岩，试论蒙台梭利的儿童观[J]. 比较教育研究，2000(6)：52－55.

(4) 儿童的发展是通过“工作”实现的

儿童所具有的自发性的活动促使其成长，教育要做的是提供有准备的环境，帮助儿童在自由操作中获得相应的能力。

除蒙氏教育以外，多元智能理论也对早期教育产生深远的影响。多元智能理论是美国心理学家霍华德·加德纳(Howard Gardner)提出的。该理论认为，智力是某种社会或文化环境的价值标准下，个体用以解决自己遇到的真正难题或生产及创造出有效产品所需要的能力，传统的智力测验所鉴定的智力在概念上将智力窄化到适于书本知识的学习能力。智力是多元的，不是单一能力，而是一组能力，包括语言智力、数理智力、空间智力、音乐智力、体能智力、社交智力、自知智力等。[①] 各种智力以不同的方式组合并表现出来，每个人都是独特的。

多元智能理论为早期教育课程内容提供了有效的借鉴和理论依据。

另一种被早期教育领域广泛采用的教育理论是奥尔夫教学法(Orff-Schulwerk)。音乐作为早期教育课程的重要部分，其教育理念对课程影响深远。“原本性”是奥尔夫音乐教学的重要组成部分。奥尔夫认为：人类最本能的音乐是“原本性音乐”，回归原本，才能让人性自然、直接、即兴地流露。[②] 奥尔夫音乐教学法调动儿童的多种感知觉器官，把听、说、读、唱、跳等不同形式展现出来，让儿童充分地发挥想象力、创造力和实践能力，提升儿童的音乐能力及情绪情感体验。奥尔夫教学理念突出了儿童学习的主体地位，以适宜儿童身心发展的最自然的方式帮助儿童感知音乐、表达音乐，从而有效达成音乐教学目标。

(二) 婴幼儿亲子教育课程理念的建构方法

1. 理论依据的选择

课程是建立在科学的理论基础之上的，建构课程理念首先要了解该领域的经典理论，以一种理论或几种互为补充的理论为建构基础，例如，建构主义理论、蒙台梭利的理论、生态系统理论等。几种理论建构一定要注意其核心内容的互通性。以一种理论为建构基础，该理论一定拥有丰富的内涵，范围广泛，如蒙台梭利的教育理论，包含生理、心理、教育、哲学等思想，有独立的课程体系。

2. 课程理念的表述

不少人认为课程理念是非常专业甚至深奥的内容，一线教师在指导课程时更多地倾向于把重心放在课程内容上，殊不知课程内容实施的质量取决于教师对课程理念的理解程度。

---

① 杨晓萍.学前教育回归生活课程研究[D]. 重庆：西南师范大学，2002.

② 任可欣，奥尔夫教学法在学前音乐教育中的有效运用[J]. 职业技术，2020(3)：105－108.

教师只有深刻理解课程理念，才能在实施课程时赋予课程科学的灵魂。家长在感受和指导婴幼儿活动时，过于专注课程的形式，而不理解课程内容背后蕴含的教育原理，是导致早教课程质量不理想的首要原因。因此，课程理念在表述上一定注意一个原则，即深入浅出，用最易懂的语言表达科学的原理。例如，某早期教育中心的课程理念表述为："课程理念基于对小朋友的爱，我们设置的游戏是有目的性的不同的游戏，培养婴幼儿不同的能力。我们的教育理念体现对婴幼儿的尊重，家长和婴幼儿的关系不是一种上下级关系，而是平等的关系。婴幼儿不是家长的附属品，而是独立的个体。我们通过运用教师、家长、婴幼儿三方之间的互动鼓励式教学方法，帮助婴幼儿得到更多有益的体验，促进婴幼儿身心健康成长。"其课程理念主要围绕生理学基础、教育学基础、社会学基础设置。其专业内容非常丰富，以最浅显易懂的方式表达出来，以最佳的方式帮助课程指导者理解课程。

二、婴幼儿亲子教育课程的目标

教育目的决定教育目标，教育目标决定课程目标。课程目标对课程有直接导向作用，是理论和实践的桥梁。课程目标是课程要达成的任务指标，它决定了课程内容和组织方式。

（一）婴幼儿亲子教育课程目标的来源

婴幼儿亲子教育课程目标的设定一定是基于婴幼儿发展的需要。婴幼儿个体的需要会促使其主动探索。总体而言，婴幼儿的需要主要包含以下两个方面。

1. 婴幼儿的发展需求

美国著名心理学家马斯洛（Abraham H. Maslow）提出，人的需要基本被分为两类。第一，基本需要。包括生理需要、安全需要、归属需要、尊重需要；第二，成就需要，包括认知需要、美的需要、自我实现的需要。由此，结合儿童发展理论，可以将婴幼儿的发展需要分为三个层次：第一，维持生命、安全、机体生长发育的需要；第二，提升认知水平的需要，即认识环境、理解环境的需要；第三，社会性需要，包括社会交往、自我实现和尊重的需要。[①]

2. 婴幼儿的兴趣

婴幼儿有自己的兴趣，兴趣包括两个方面：一方面是婴幼儿成长过程中的每个阶段都有其阶段性兴趣，如抓细小物品、玩沙等；另一方面是婴幼儿相对长时间的兴趣。教师要以多元智能等理论为支撑，以促进婴幼儿发展为目标，以观察指导为基础，设计亲子教育课程。

---

① 杨晓萍.学前教育回归生活课程研究[D].重庆：西南师范大学，2002.

(二) 婴幼儿亲子教育课程目标的结构与层次

1. 婴幼儿亲子教育课程目标的结构

课程目标的结构是对课程目标的横向分析。结合0—3岁婴幼儿的身心发展特点,考虑到可操作性,对课程目标进行横向分析时,要同时考虑婴幼儿的心理发展水平和课程的内容结构。我们一般将婴幼儿亲子教育课程的内容分为大运动技能、精细动作、语言、认知、社会情感五个方面。可根据婴幼儿身心发展特点分领域对每个方面进行系统的目标设计。

表2-1列举了13—14个月婴幼儿各方面详细的发展目标。教师可以以此为例,设计其他月龄的课程目标。

表2-1 13—14个月婴幼儿亲子教育课程目标

大运动技能	1. 锻炼扔的动作和手臂的力量,预防感觉统合失调。 2. 锻炼手臂的大运动能力,感受集体游戏,练习推的动作。 3. 培养模仿能力,满足行走敏感期的需要;练习下蹲,增强平衡能力。 4. 练习独立行走,练习下蹲的动作。 5. 训练腿部挤的动作,增强腿部力量;提升空间感知能力,感受快乐,并适应与家长的短暂分离。 6. 练习捡的动作,提升平衡能力。 7. 培养平衡感和触觉体验。
精细动作	1. 感知纸张质地的不同,发展触觉;练习五指抓握物品的动作,增强手指的灵活性。 2. 练习塞的动作,增强手眼协调能力、抓握能力、手部控制能力、双手配合能力及抓握能力的锻炼。 3. 可利用大块儿童木棍串珠玩具初步练习穿的动作,发展手眼协调能力、手部控制力和双手配合能力。 4. 练习二指捏的动作,发展手眼协调能力。 5. 练习插的动作,强化二指或三指捏物的动作,增强手部控制能力,培养手眼协调能力和手的精细动作。 6. 增强手腕的控制能力和手眼协调能力;通过翻书、指认图案等动作,增强手的控制能力。 7. 提升双手配合的能力及手指小肌肉的控制能力。
语言	1. 通过有节奏性的儿歌发展语言能力。 2. 理解"您好""抱抱""朋友"等词语。 3. 练习按口令做动作,促进接受性语言的发展。 4. 锻炼口腔周围的肌肉,为学习语言做准备。
认知	1. 感知不同物品的触觉体验,感知抓握发出的声音,发展听觉。 2. 有意识地寻找物品;初步发展解决问题的能力。 3. 了解空间概念,感知不同的珠子。 4. 发展触觉,预防感觉统合失调;认识小手小脚,了解不同物品的外部特点,发展触觉记忆力。 5. 强化对色彩的认知,增强观察能力,进行初步的分类练习。 6. 认识兔子等动物,知道兔子爱吃萝卜等动物的生活习性;建立空间概念,积累大小经验。教师可以借由认知活动帮助家长了解婴幼儿的语言发展特点,让家长能更好地帮助婴幼儿进行语言训练,促进婴幼儿语言的发展。 7. 学习吹的动作。通过谈话活动让家长知道婴幼儿口腔的基本知识和护理要求。 8. 培养模仿能力,进行肢体语言的锻炼。
社会情感	1. 培养参加集体活动的意识。 2. 学习表示握手、谢谢、再见的动作,培养日常生活礼仪,学会友好地和别人相处。 3. 通过集体活动学会友好地和别人相处。 4. 培养社会交往意识。 5. 培养社会交往行为。 6. 培养良好的早期阅读习惯。 7. 通过音乐游戏感受集体活动的快乐和音乐带来的快乐。

2. 婴幼儿亲子教育课程目标的层次

课程目标的层次是对课程目标的纵向分析。层次分析有助于系统设计目标。目标设计的纵向层次主要包括以课程内容为结构框架和以婴幼儿发展为结构框架两种形式。在进行目标设计时，通常由两种形式相结合。以四级划分为例，第一级：课程总体目标；第二级：以年龄段为划分标准，每个年龄段有其总体的发展目标；第三级：每套课程按各年龄段发展情况细化若干具体目标；第四级：每节课由若干不同发展目标的活动组成，共同完成整体目标。

以下面的四级目标为例。

第一级：课程总体目标。例如，发展感官机能，增进四肢力量及协调性、平衡性；同时，多方面提升认知能力的发展。再如，通过阅读等活动提升婴幼儿语言理解能力和表达能力，并促进社会交往能力的发展。

第二级：以年龄段为划分标准，每个年龄段有其总体的发展目标。例如，一套课程中，针对 7—12 个月婴儿的阶段性课程目标是：给孩子提供适宜的环境和刺激，帮助家长学会保护孩子的好奇心，通过探索活动发展孩子的交往能力、观察能力和初步解决问题的能力。

第三级：每套课程按各年龄段发展情况细化若干具体目标。表 2 - 2 列举了 7—12 个月婴幼儿的发展目标。

表 2 - 2　7—12 个月婴幼儿的发展目标

项　　目	目　　标
大运动技能	匍匐爬行，手膝爬行，独自站立
精细动作	发展上肢大臂动作 发展手指的分化
语　　言	发展表达性语言：有意识地发音 发展接受性语言：理解简单指令
认　　知	理解客体永久性
社会情感	培养安全感，增进亲子感情

第四级：每节课由若干不同发展目标的活动组成，共同完成整体目标。

例如，捏球游戏的目标为：(1) 练习握捏软球，锻炼孩子的手指抓握能力，锻炼孩子手指的灵活性；(2) 让孩子感知不同软球的质地，发展孩子的触觉。

再如，爬行捉“蝴蝶”游戏的目标为：让孩子练习爬行，促进大运动技能发展，增强孩子的视觉追踪能力。

（三）婴幼儿亲子教育课程目标设计的基本要求

1. 课程目标的统整性

课程目标的统整性是指对知识和课程内容的整合，帮助学生获得统整的观念和能力，以解决实际问题。课程统整是相对于分科课程而言的，目的在于打破学科的界限，促进学生能力的统整发展，使学生日后能有效且广泛地运用各种知识、能力于日常生活情境。近些年，世界各国在课程目标设计上都有统整的趋势，如 2009 年，澳大利亚颁布《归属、存在和成长：澳大利亚儿童早期学习框架》，提出儿童的预期学习成果包括五项：第一，儿童具有自我认同感；第二，儿童与其周围世界获得联系并能够对周围世界有所贡献；第三，儿童具有幸福感；第四，儿童是主动自信的学习者；第五，儿童是有效的交流者。①可以看出该框架关注儿童自我认知与建构，强调儿童社会能力的培养，聚焦儿童灵性世界的养成。这些都是统整的课程目标。

婴幼儿亲子教育课程的统整性指婴幼儿教养的融合，养中有育、育中有养，将日常带养与婴幼儿成长有机结合，促进婴幼儿全面发展。例如，某托育机构针对 7—12 个月婴儿的课程目标为：提供适宜环境和刺激，帮助家长学会保护孩子的好奇心，通过探索发展孩子的交往能力、观察能力和初步解决问题的能力。该课程旨在通过丰富的环境和刺激培养 7—12 个月婴儿综合能力的发展，即体现课程目标的统整性。

2. 课程目标的适宜性

课程目标适宜指以符合婴幼儿身心发展规律的方式设计目标，使目标科学，帮助婴幼儿按规律发展。同时，课程目标要以婴幼儿为主体。课程的终极目标是促进婴幼儿发展。课程目标的设计理念一定是来源于婴幼儿的。世界各国课程目标设定上也多呈现出适宜性的要求。英国早期基础阶段儿童学习与发展标准中设定的目标为：身心舒适的健康生活；免受伤害或忽略的安全环境；享受学习并有所收获；积极贡献社会；享有经济保障。② 加拿大安大略省的指导纲要性文件《学习是怎么发生的》指出，婴幼儿的发展目标为归属感、幸福感、参与性和表达性。③

由此可见，世界各国早期教育目标表述中更注重情感发展，强调自我认识、自信、快乐、幸福等精神世界的构建。同时，注重学习品质的发展，如主动性、探索性、享受学习、自信学习。这些都是基于婴幼儿的发展和需求构建的。

如何在具体的亲子活动中体现目标的适宜性呢？例如，某托育机构针对 6 周至 8 个月的婴儿设计的课程目标是，帮助父母了解一些具有目的性的练习和游戏，从而提升婴儿的平衡能力以及对自身身体的意识。这个阶段，婴儿对身体充满探索的兴趣，教师和家长可以引导其认识自己。课程目标依据婴儿的发展水平设计，提升婴儿的平衡能力，符合适宜性的要求。

---

① 员春蕊，王晓英.澳大利亚儿童早期学习框架的性质、内容与特点[J].学前教育研究，2015(5)：52.

② 贾婧.英国早期基础阶段儿童学习与发展标准研究[D].重庆：西南大学，2014.

③ 胡雅莉.加拿大安大略省儿童早期教育对我国 0—3 岁托育服务发展的启示[J].陕西学前师范学院学报，2020(1)：28.

3. 课程目标的层级性

划分课程目标的层级有助于使课程结构系统、清晰。例如，美国儿童发展协会(Enlighten US Association，简称ELUA)的目标有若干层级，层级关系清晰。①

第一层级包括项目的目的，有六项：(1) 安全健康的学习环境；(2) 身体和智力能力；(3) 积极的社会性和情绪发展；(4) 与家庭建立积极的、建设性的关系；(5) 运行良好、有目的的项目(确保运行良好、有目的的项目能回应参与者的需要)；(6) 职业关系和发展(致力于专业化)。

第二层级是目标，每个目的分为若干目标。

第三层级是功能区域，每个目标又被细分成1—13个功能区域。

第四层级是保育者行为范例。每个功能区域都列出了保育者的行为范例，每种行为都列出了针对儿童、家长和保育者的目标。每一项非常详细具体，有极强的可操作性。

4. 课程目标的弹性

课程目标设定后并不是一成不变的，教师和家长可以根据儿童表现情况的不同进行适时调整，使课程适宜所有儿童。这就要求教师和家长既是课程的执行者，也是课程的设计者。只有这样，才能真正提高课程质量。

例如，锻炼精细动作的活动“实物、图片配配对”。

活动名称：实物、图片配配对(2.5—3岁)

活动目标：

(1) 平面图形与立体物品进行一一对应。

(2) 增强幼儿的观察能力和抽象思维能力。

活动准备：平面配对卡、立体物品。

活动过程：

(1) 教师出示教具，引导幼儿进行观察。

(2) 幼儿尝试将物品放到相应图片上。

活动中，A、B两名幼儿虽然在同一个活动里，但表现出不同的发展水平：幼儿A表现出独立的观察能力；幼儿B需在家长引导下观察平面图形与立体物品，然后进行一一对应。

因此，教师和家长要视婴幼儿在活动中的具体表现开展活动，使活动适宜每个幼儿的实际情况。

① 琳达·杜威尔-沃森，等.婴儿和学步儿的课程与教学[M].苏贵民，陈晓霞，译.北京：人民教育出版社，2009：305.

三、婴幼儿亲子教育课程内容的选择与组织

各国婴幼儿阶段的亲子、托育课程内容各有不同，但基本都围绕运动、语言、认知、社会情感等几个方面。

FunShine Online（简称 FSO）是美国一种较为流行的婴幼儿托育课程模式。其发展领域分为五个方面，分别为：婴幼儿的语言发展领域；婴幼儿的社会与情感发展领域；婴幼儿的身体发展领域；婴幼儿的认知发展领域；婴幼儿的学习品质领域。每个方面都有详细描述的核心内容。例如，婴幼儿的学习品质素养主要包括三个方面的内容，即好奇心、坚持性和问题解决。① 美国发展适宜性实践强调教学内容要有助于为婴幼儿营造良好的社会/情感环境、认知/语言/读写环境，以及帮助家长、教师、社区理解发展适宜性实践。这里尤为强调家长、教师和社区这三个与婴幼儿成长息息相关的群体对课程的理解和掌握。②

英国早期基础阶段儿童学习与发展标准中，学习内容分为七个领域。③ 主要领域包括：个人、社会和情感发展，社会交往与语言，身体发展。特定领域包括：语言、数学、理解世界、艺术与设计的表达。其中，认知方面相关内容都属于特定学习内容，不属于主要领域。

日本在托育内容上特别重视食育，除了倡导均衡饮食，促进婴幼儿健康发展外，特别重视婴幼儿对食物和自然的认知，培养劳动能力，树立饮食的正确态度，将文化渗透在食育活动之中，形成主题教育。④ 食育活动让婴幼儿了解食物，了解生存，知道吃的乐趣，了解自己的创造力。

澳大利亚早期教育五项成果中，成果一是儿童有强烈的自我认同感；成果二是儿童与周围世界相联系，并有所贡献；成果三是儿童有强烈的幸福感；成果四是儿童是自信和积极参与的学习者；成果五是儿童是有效的交流者。⑤ 每一项都有细致的内容作为教养的依据。每项内容都有做法指导。借鉴国内外经验，婴幼儿亲子教育课程内容的选择及组织的原则、方法如下。

（一）婴幼儿亲子教育课程内容的选择

亲子教育课程的内容是实现目标的载体，内容的选择直接影响教育效果的达成。0—3 岁婴幼儿处于感知运动阶段和前运算阶段初期，因此，婴幼儿能够直观感受到的生活经

① 李慧.美国 0—3 岁婴幼儿托育课程模式评析——以“FunShine Online”（FSO）为例[J].教育探索，2019(4)：100 - 101.
② 卡罗尔·格斯特维奇.发展适宜性实践　早期教育课程与发展[M].霍力岩，等，译.北京：教育科学出版社，2011.
③ 耿薇.英国早期儿童基础教育指南（EYFS）(2017)述评[J].科教文汇（中旬刊），2018(2)：114 - 117.
④ 张月，等.日本幼儿食育活动的价值与思考[J].宁波教育学院学报，2020(2)：110 - 113.
⑤ 员春蕊，王小英.澳大利亚儿童早期学习框架的性质、内容与特点[J].学前教育研究，2014(5)：48 - 56.

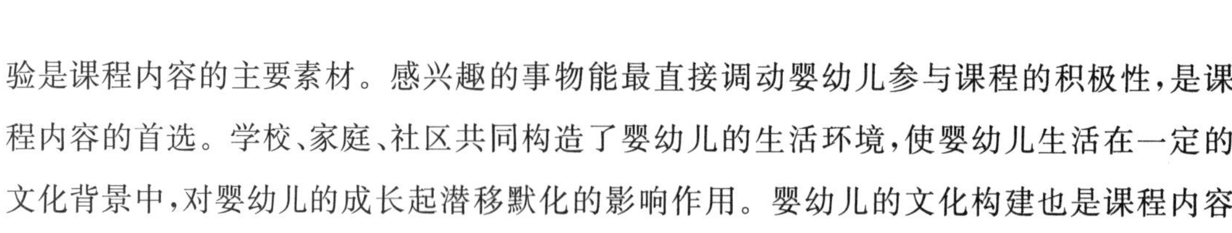

验是课程内容的主要素材。感兴趣的事物能最直接调动婴幼儿参与课程的积极性，是课程内容的首选。学校、家庭、社区共同构造了婴幼儿的生活环境，使婴幼儿生活在一定的文化背景中，对婴幼儿的成长起潜移默化的影响作用。婴幼儿的文化构建也是课程内容之一。具体阐述如下。

1. 生活

婴幼儿认识世界的途径是感知觉，认识世界的内容来源于生活。生活构建了婴幼儿的直接经验，符合其认知特点。所以，婴幼儿亲子教育课程内容的选择一定以生活为基础。例如，衣、食、住、行，安全（食品、环境、药品、交通、水电），环境保护，职业认识，社会规则，风俗习惯等。

2. 兴趣

兴趣是动机的来源，能够帮助婴幼儿成长。婴幼儿的兴趣极易受外界环境影响，可调动性很强。新鲜的事物、动态的感受都可以吸引婴幼儿。儿童喜欢沟通、探究、操作、艺术表现，教师可以以此为基础进行活动设计与组织。

3. 文化

婴幼儿在与环境和社会的互动中不断成长。在一定的社会文化背景下，婴幼儿逐渐掌握社会规范，进行人际交往，适应社会生活。因此，家庭、学校、社区中的一切事物都可以作为课程的内容。教师和家长帮助婴幼儿积极构建自己的精神世界，健康快乐地生活。

（二）婴幼儿亲子教育课程内容组织的原则

1. 一致性

课程目标与课程理念是一脉相承的，课程内容与课程目标也需要一致，这样才能体现出课程理念的核心价值。所谓课程内容与课程目标的一致性是指课程内容应该是课程目标的具体化与延伸，课程内容应该指向课程目标。在方案具体化过程中，要注意灵活变通，反对机械刻板。

例如，下述案例中，活动内容能反映教育目标，并有助于目标的达成。

活动名称：纸的秘密（7—9 个月）

活动目标：感知纸张质地的不同，发展触觉。

活动准备：不同质地及不同色彩的纸。

活动过程：

（1）教师取一种纸，双手揉搓，听纸摩擦时发出的声音，并告诉孩子这是什么纸。

(2) 教师撕扯纸张，配合语言，让孩子观察纸的状态，将撕碎的纸张揉搓成团，塞进瓶中。

(3) 依次展示其他不同的纸张。

(4) 说明活动目的及家庭延伸活动。

在上述活动中，活动目标为：感知纸张质地的不同，发展触觉。课程通过让7—9个月的婴儿揉搓不同质地的纸张，锻炼其感知能力及手部触觉。课程采用该年龄段十分喜爱的纸张为素材，让7—9个月的婴儿在愉悦的情绪中完成活动，达到活动目标。

活动名称：找玩具(10—12个月)

活动目标：

(1) 增强孩子解决问题的能力，发展孩子思维。

(2) 让孩子理解"里外""前后"的空间关系，提升孩子的空间认知能力。

活动准备：用容器装两个玩具，上面覆盖一张透明塑封膜。

活动过程：

(1) 教师摆弄玩具吸引孩子，再捧容器于活动场地中央，将玩具放入容器，并覆盖塑封膜。

(2) 教师单手展示抓握动作，碰触塑封膜，摇头表示取不出玩具；取下塑封膜，从容器中取出玩具欣赏，点头。将塑封膜竖放于教师与玩具之间，教师伸手取玩具，摇头表示取不到玩具；教师将塑封膜拿开，取玩具，微笑点头。

在上述活动中，教师根据目标设置，灵活运用塑封膜帮助10—12个月的婴儿理解空间关系，发展其解决问题的能力。

2. 适宜性

全美幼儿教育协会(National Association for the Education of Young Children，简称NAEYC)颁布纲要，提出衡量课程价值的标准之一就是发展的适宜性。对儿童而言，课程方案的内容应该更侧重于儿童自身的需求。因此，课程内容的选择应该以儿童为中心，与儿童的生活紧密相连。以儿童为中心的课程内容应该是生活化、经验化的。[①]

所谓生活化，指课程内容应关注儿童的生活，从生活中学习。经验化则指要针对儿童的年龄特点对内容进行选择，年龄越小越需要在与世界的互动中体验生活，感知事物的多样性。

以某套课程中，针对7—12个月婴幼儿的课程内容为例。具体呈现如下。

---

① 虞永平，等.幼儿园课程评价[M].南京：江苏教育出版社，2009：151.

表 2－3　7—12 个月婴幼儿亲子教育课程内容示例

精细动作	练习推、拍、握、捏、拨弄、双手合作、触摸、抠、按、拉；锻炼手的灵活性，双手配合能力，促进五指分化，增强手的控制力，手腕的灵活性和方向性。
大运动技能	做被动操，增进肢体力量；练习手膝爬行，提升颈部的灵活性、手臂灵活性；锻炼颈部及腰部的力量，增加腰腹部力量；锻炼膝关节灵活性，增强下肢力量；锻炼腿部力量，提升四肢协调性；提升下肢髋关节的灵活性及平衡能力，发展前庭觉和平衡感。
感知觉	发展视觉、听觉、触觉；感知不同教具的质地和温度，提升观察力、感知能力、视觉追踪能力；感知身体各部分的联系，感知“里外”等空间关系。
注　意	练习专注力。
认　知	通过有意识地做动作，提升节奏感；锻炼反应能力，了解事物的因果关系等联系，增强本体感，丰富对空间关系的认知，锻炼解决问题的能力，巩固对客体永久性的认识，提升思维能力。
情　绪	培养愉悦的情绪，增进亲子感情，满足好奇心，促进社会行为发展，缓解分离焦虑。
语　言	通过语言刺激，助推接受性语言的发展。
综合能力	促进身心发展，提升手眼协调，刺激大脑发育，提升观察及解决问题的能力。

可以看出，课程内容的选取基本符合婴幼儿的年龄特点及发展需求。婴幼儿从 7 个月开始，逐渐对手部动作感兴趣，手部动作发展从五指抓握到五指分化。课程针对该年龄段婴幼儿这一特点，选取相关教具进行手部精细动作练习，从五指并用的推、拍、握捏等动作到手指分化的抠、按等动作。感知是婴幼儿认识世界的主要途径，课程通过发展婴幼儿的视觉、听觉、触觉等感知觉促进婴幼儿感知能力的发展，并配合精细动作，提升婴幼儿的认知能力。在大运动技能方面，遵循头尾原则，即婴幼儿从头到尾，自上而下发展。通过被动操等运动，锻炼婴幼儿颈部、上肢、腰腹部、下肢力量，促进婴幼儿爬行能力的发展，同时增进亲子感情。在语言发展上，7—12 个月的婴幼儿处于被动接受阶段，所以课程中并没有针对婴幼儿语言能力发展的详细内容。课程主要通过游戏及亲子阅读等环节给婴幼儿提供丰富的语言刺激，以促进其语言能力的发展。

3. 平衡性

儿童发展各领域之间的平衡性应该受到关注，包括各个领域发展的内容宽度与深度的平衡性。

婴幼儿亲子教育课程多种多样，有综合潜能发展课程，也有专门的音乐、美术课程等。针对综合潜能开发的课程就需要注意课程内容的平衡性，确保发展领域全面的同时注意各领域之间的相互渗透。

4. 丰富性

丰富性包括两方面。一是活动形式的丰富性。遵循婴幼儿的兴趣特点，形式多样的活动能有效提升活动质量，如倾听、操作、游戏等。二是活动材料的丰富性。虞永平教授曾指出，丰富的科学的教辅材料有利于教师开展教学工作，支持教师的课程实施活动，教辅材料的质量也关乎课程的质量。

这里以某托育机构的环境支持为例。

【环境支持】教室

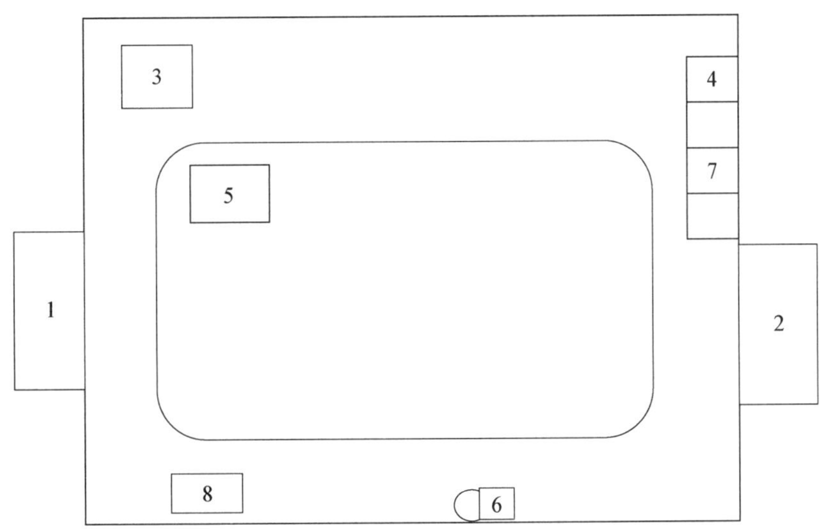

标示：1、2 窗户，3 钢琴，4 工作毯，5 蒙氏线，6 钟表，7 教具架，8 空调。

【活动材料】

7—9 个月：不倒翁，拍鼓，手捏软球，小风车，积木，抠洞苹果，玩具电话。

10—12 个月：涂鸦材料，音乐七彩塔，拨珠，蜗牛车，套娃，智力小屋。

13—15 个月：木棍穿珠，木球，百变立人，拉线玩具小猪，套筒，套环小火车。

16—18 个月：抓手嵌板，鞋带，管道拼插玩具，抽屉积木，敲彩色跳人，积木小火车，砝码小熊。

19—21 个月：穿珠，三角形嵌板，黑白棋，仙人掌玩具，穿线奶酪，风车漏水器。

22—24 个月：切菜玩具，钓鱼玩具，齿轮玩具。

25—27 个月：复杂拼图，花边剪刀，小穿珠，蔬菜水果分类卡，接龙图片，玩具螺母，简单拼图，穿线纽扣，活动小人，磁力片，穿线洞洞板，七巧板，按插图钉。

【感统教具】

捏响玩具，音乐动物学步车，拖拉玩具，滚筒，彩虹伞，羊角球，大触觉球，平衡步道，蹦蹦床，双人摇马，单人摇马，花生球，大龙球。

【整套蒙氏教具】

（三）婴幼儿亲子教育课程内容组织的方法

许多国家都重视一日生活各环节对婴幼儿能力培养的重要意义，且强调回应式照护的重要性。亲子教育课程的重要目标之一是提升家庭教养质量。一日生活各环节的有效回应、互动，应在亲子教育课程中得到有效体现。合理借鉴各国婴幼儿课程实施方法对提升我国亲子教育课程质量有重要意义。

FSO课程架构了五大领域内容：创设有准备的环境、与婴幼儿建立积极的关系、管理婴幼儿的行为、建立一日活动常规、支持婴幼儿学习。[①] 美国高瞻课程（High Scope）婴幼儿托育模式的实施路径有七个：制订日常计划和托育程序；创设有准备的学习环境；加强成人与婴幼儿的互动；支持婴幼儿的主动学习；强调婴幼儿的观察和评估；注重家庭的文化及与家长的合作；做好婴幼儿托育项目的评估。[②] 澳大利亚早期学习框架中强调采用综合法、游戏学习法、及时回应法、有目的教学法、环境创设法、文化能力养成法、平稳过渡法、学习评估法实施活动。[③] 日本保育院注重婴幼儿与成年人的反应关系形成的情感纽带，以回应式照护为主要教育方式，注重对婴幼儿身体健康和情绪情感的照护。[④] 加拿大安大略省指导纲要性文件《学习是怎么发生的》指出，早期教育实现的途径主要有：教育者、儿童与家庭间回应式的关系；儿童的探究式学习；师生合作学习；教育者的教学记录；反思性教学和合作探究等。[⑤]

可见，不同国家在实施路径上有很多共性做法，如有准备的环境、主动学习、观察和评估等。结合我国的实际情况，在实施婴幼儿亲子活动时，要注意如下几个方面。

1. 活动形式的适宜性

婴幼儿年龄小，活动要注意动静交替，集体活动与分组活动相结合，时间不宜过长。活动量要适宜，活动过程中为避免过度劳累或活动量不足可适当调整内容和节奏，防止活动内容单一，形式单调，又要防止花样繁多，任务过重。[⑥]

2. 指导策略的适宜性

指导策略适宜是指实施婴幼儿亲子活动的专业人员，要有目的、有计划、有组织地面对照护者开展科学育儿的具体指导活动。[⑦] 对于早教活动而言，教师的直接教育对象即婴幼儿

---

① 李慧.美国0—3岁婴幼儿托育课程模式评析——以“FunShine Online”(FSO)为例[J].教育探索，2019(4)：100－104.

② 李慧，严仲连.美国0—3岁婴幼儿托育的素养框架——以High Scope托育模式为例[J].现代基础教育研究，2019(9)：109－115.

③ 员春蕊，王小英.澳大利亚儿童早期学习框架的性质、内容与特点[J].学前教育研究，2014(5)：48－56.

④ 肖子华.日本托育情况及育儿支持制度的启示[J].人口与健康，2020(9)：19－21.

⑤ 胡雅莉.加拿大安大略省儿童早期教育对我国0—3岁托育服务发展的启示[J].陕西学前师范学院学报，2020(1)：28－30.

⑥ 北京市教育委员会.0—3岁儿童早期教育指南[M].北京：北京师范大学出版社，2010：197.

⑦ 同上：197－198.

的直接照护者。因为照护者的一言一行，生活中的点点滴滴无不对婴幼儿产生重要的作用。照护者对婴幼儿教养知识的掌握对婴幼儿的成长起着至关重要的作用。指导策略的选择要注意以下两个方面。

① 互动性

这里的“互动”指的是教师与照护者，教师与婴幼儿，照护者与婴幼儿，照护者之间的多边互动。[①] 其中，最根本的互动即照护者与婴幼儿的互动，其提升途径是教师与照护者的互动，即通过教师和照护者之间的交流，教师与婴幼儿之间的互动示范，照护者之间的交流，帮助照护者更好地与婴幼儿互动，促进婴幼儿成长。

② 开放性

第一，空间开放。亲子活动的空间上，除教室外，有活动室。活动室内大量运动器材及相关年龄段适宜教具为课程提供了辅助设施，满足了婴幼儿除课堂外的练习、玩耍需要。

第二，方法开放。针对适宜年龄段婴幼儿的特点，运用多样的方法帮助照护者深入理解和提升教养理念、教养技能。

第三，方式开放。亲子教育课程可以不受时间、地点限制，用多样的形式开展。例如，除一般形式的课程外，还可以开展讲座、生日宴、节日晚会等，丰富教育内容和形式。

四、婴幼儿亲子教育课程的评价

教育者应反思每天的教育活动，以确定课程是否是个性化的、平衡的（对全体婴幼儿而言）、相关的、现实的，是否达到了课程的目标。对于婴幼儿亲子教育课程而言，评价的目的是提升课程质量，而不是判定婴幼儿的发展水平。本部分重点介绍过程性评价。过程性评价是婴幼儿亲子教育课程评价的主要形式，评价亲子教育课程实施过程中的各要素。

（一）婴幼儿亲子教育课程评价的作用

1. 促进婴幼儿发展

婴幼儿亲子教育课程评价的过程，也是发现问题、改进问题、提升质量的过程。这些工作的最终目的是促进婴幼儿的全面发展，给予婴幼儿最佳的人生开端。

2. 促进父母成长

0—3 岁婴幼儿的教养不应该仅仅局限于指导婴幼儿，而必须通过服务家庭、服务婴幼儿照护者的需要，通过持续影响照护者的教养观念和教养方法，提高照护者的教养素质，营造

---

① 北京市教育委员会.0—3 岁儿童早期教育指南[M].北京：北京师范大学出版社，2010：197－198.

良好的互动环境。教养理念、教养方法在教养方案指导内容中应占有重要的地位。例如，北京市教育委员会主编的《0—3岁儿童早期教育指南》分年龄段明确说明了具体的教养指标与教养策略，通过文字明确表达了家庭教养的内容及方式。[①] 亲子教育课程最重要的作用就是提高看护人的教养水平，提升家庭教养质量。

3. 促进教师成长

教师是婴幼儿亲子教育课程的设计者和组织者，婴幼儿亲子教育课程中的核心价值需要教师通过科学的亲子活动去传递。课程评价可以促进教师积极反思问题，及时解决问题，从根本上提高课程质量。

（二）婴幼儿亲子教育课程评价的内容

婴幼儿亲子教育课程评价主要包括三个方面的内容，即环境、婴幼儿发展、课程实施。环境是课程实施效果的保证。婴幼儿发展是课程评价的最终目标。课程实施是实现目标的重要途径。

1. 对环境的评价

这里说的对环境评价是广义的评价，促进幼儿发展的一切外在环境都在它的评价范围之内。参照国内外评价量表及我国早期教育机构的实践经验，评价项目可以包括以下几个方面。

物理环境包括：室内空间的大小、光线、噪声值是否在合理范围内，窗户是否符合通风要求，室内玩具和用具的尺寸和数量是否符合婴幼儿要求，是否安全。

精神环境包括：是否有助于教师、婴幼儿、家长热情友好地相处，是否营造和谐温馨的氛围，是否尊重婴幼儿家庭的多元文化背景，是否为婴幼儿营造轻松愉快的保育护理氛围。

2. 对婴幼儿发展的评价

婴幼儿发展是亲子教育课程评价的最终目的，也是亲子教育课程评价的核心环节。婴幼儿发展评价是非常复杂的。因为婴幼儿正处于快速发展之中，发展评价的目的是促进发展，而非等级划分。婴幼儿的发展需要基于长期观察，得出的结论才具备可参考性。短时的单次测评，经常不能真实反映婴幼儿的发展情况，更不能反映背后复杂的原因。基于0—3岁婴幼儿的年龄特点，在评价中，我们通常用到的方法即观察。周念丽在《0—3岁儿童观察与评估》一书中用分龄具体项目观察的方式对儿童进行评估。英国在早期儿童发展评价方面相对成熟的评价体系值得我们借鉴。英国在儿童2—3岁和5岁时对其进行过程性评价和一次总结性评价。在英国，儿童学习和发展分为七个领域，分别是：社会交往与语言，身体发

① 北京市教育委员会.0—3岁儿童早期教育指南[M].北京：北京师范大学出版社，2010.

展,个人、社会和情感发展,语言(文学),数学,理解世界,艺术与设计的表达。① 以游戏和探索、主动学习、创新和批判性思维为特征的有效学习贯穿儿童学习和发展的七个领域之中。对儿童是否具有有效学习的特征进行评价需要观察儿童在七个领域的表现。评价内容如表 2-4。

表 2-4　英国早期基础阶段儿童发展评价的内容②

领　域	早期学习目标	具　体　描　述
社会交往与语言	1. 能够倾听和专注	在各种情况下都能专心听讲;听故事时能准确预测关键事件,用相关评论或行动作出回应;能注意别人说的话,并作出适当回应,与此同时能从事另一项活动。
	2. 具有理解能力	能遵循一些行动指令;对于一些故事或事件,能回答关于"如何""为什么"的问题。
	3. 学会表达	能准确表达自己的想法;当谈论已经发生或将要发生的事件时,能准确使用过去、现在和将来时;在思维发展的基础上,能形成自己的表达方式。
身体发展	4. 运动和控制	在大大小小的运动中表现出良好的控制和协调能力;以各种方式自信地行动,安全地协商;能有效地使用设备和工具,包括书写用的铅笔。
	5. 身体健康、能够自理	知道锻炼身体和健康饮食的重要性,能谈论如何保持健康;能管理自己的基本卫生和个人需求,包括穿衣和上厕所。
个人、社会和情感发展	6. 拥有自信心及自我认知	有信心尝试新的活动,并说明为什么更喜欢新的活动;有信心在一个熟悉的群体中发言,谈论各自的想法;能表述什么时候需要或者不需要帮助。
	7. 管理情绪及行为	谈论自己和他人表达感情的方式、行为及后果,知道有些行为是不可接受的;能理解并遵守团队规则,调整自己的行为以适应不同的情况,并试图改变常规。
	8. 建立关系	能相互合作,共同考虑如何组织活动、轮流游戏;对他人的需求和感受较为敏感;能与成年人和其他儿童形成积极的关系。
文学	9. 阅读的掌握	能阅读和理解简单的句子;能使用语音知识准确地读出规则单词或常见的不规则单词;与别人谈论所读过的东西时能表现出理解。
	10. 书写的掌握	能把他人说的话书写出来;能书写一些不规则的常用词;能写简单的句子,且自己和他人可以读懂。
数学	11. 数字的掌握	能用 1—20 进行计数,按顺序排列,说出哪个数字比给定的数字多几个或少几个;能利用数量和物体解决问题,包括加倍、减半和分享。
	12. 形状、空间和测量的掌握	能讨论或比较大小、重量、容量、位置、距离、时间和金钱;能认识、描述和创造形状、空间;能探索日常物体的形状特征,并用数学语言进行描述。
理解世界	13. 理解个人和团体	能在团体中谈论过去和现在的事情;知道并不是所有同龄人都喜欢同样的东西,并且对此很敏感;知道自己和他人,家庭和社区之间的异同。
	14. 理解世界	知道关于地点、物体、材料和生物的异同;能讨论自己周围的环境;观察动物和植物时,能解释正在发生的变化。
	15. 理解技术	能在家庭和学校等地方使用一系列的技术;能根据特定的目的选择和使用技术。
艺术与设计的表达	16. 探索和使用工具与材料	能唱歌、舞蹈、制作音乐;能安全地使用和探索各种材料、工具,试验颜色、设计、纹理、形式和功能。
	17. 富有想象力	能利用所学进行思考和创造;能通过设计、艺术、音乐、舞蹈、角色扮演和故事来表达自己的想法和感受。

① 耿薇,英国早期儿童基础教育指南(EYFS)[J].基础教育,2018(2):114-115.
② 曹筱一.英国早期基础阶段儿童发展评价体系的基本内容与启示[J].早期教育(教育科研),2019(7—8):3-8.

3. 对课程实施的评价

课程实施过程中的评价主要针对三方进行，即教师、婴幼儿、家长。借鉴国内外相关资料并结合我国情况，课程实施部分的评价分为以下几个方面。

(1) 目标和要求要注重婴幼儿身心发展的适宜性，根据婴幼儿的年龄和能力来设定目标。

(2) 活动内容要符合婴幼儿的兴趣和需要。

(3) 有足够多的材料并且给婴幼儿自由选择的空间。

(4) 时间安排得当，转换自然。

(5) 教师积极回应幼儿的提问，营造和谐的活动氛围，并时刻注意每一个婴幼儿的活动，保障其安全。

(6) 在活动中渗透多元文化，尊重每个婴幼儿的需要和家庭文化背景。

(三) 婴幼儿亲子教育课程评价的方法

在亲子教育课程评价中，以下方法可供大家借鉴。

1. 调查法

常用的调查方法有问卷法和访谈法，可以调查亲子活动中不同主体的情况，其优点是便捷高效，可以用最短的时间搜集很多的信息。

以访谈法为例，该方法适用于搜集亲子教育课程的相关信息，以全面认识课程，为课程评价做好准备。访谈结果可进行定性分析，访谈提纲示例如下。

【访谈目的】了解托育机构课程、教师的专业情况，家长的教育反馈情况。

【访谈方式】半结构式访谈。

【访谈对象】机构领导者、教师、家长。

【访谈问题】

机构领导者：(1) 请问您所在的教育机构的教育理念、教育内容来源于何处？

(2) 请问您认为本教育机构的课程满足了婴幼儿哪些方面的成长需求？

(3) 可以说得具体些吗？例如，课程具体通过哪些途径帮助婴幼儿发展哪些方面的能力？

(4) 请问本教育机构的课程理念是什么？您能不能具体说一下呢？

教师：(1) 请问您所在的托育机构的课程帮助婴幼儿发展了哪些方面的能力？

(2) 您能具体说下课程内容主要帮助婴幼儿发展了哪些方面的能力吗？

(3) 托育机构有明确的书面教案吗？

(4) 您上课是完全按照教案来上的吗？

家长：(1) 您为孩子选报托育机构的课程主要是为了满足孩子哪些方面的需求呢？(能具体说一下都包括哪些方面吗?)

(2) 您孩子来这里上了多长时间的课程了？

(3) 请问一般情况下，家里谁来陪同孩子上课呢？

(4) 请问，您回家后会和家中其他成员交流孩子的学习情况，给他做相关的课后练习吗？

2. 观察法

观察法是婴幼儿亲子教育课程评价的主要方法。我们可结合发展目标，在课前、课中、课后利用观察法做好课程评价，以提高课程质量。

(1) 课前观察表

课前观察表用于课前情况调查。通过详细记录婴幼儿操作教具时的能力表现，全面了解幼儿，为后续课程的开展和指导方式的确定做前期准备。

以针对19—21个月婴幼儿的课前观察表为例，见表2-5。

表2-5 课前观察表

名称	项目	技能	观察记录
凹凸积木及操作板	在操作板上对操作材料进行配对、拼搭	精细动作、想象力	
简单的拼图(5个)	能认出缺失的一部分	观察能力、记忆力	
玩具手电筒	开关手电筒，寻找光源，用手电筒探索暗的地方	精细动作、因果关系、认知	
打击乐	能跟着音乐一起打节奏	因果关系、节奏感	
万花筒	拧动万花筒，说出看到了什么	精细动作、因果关系、语言能力、观察力	
排序玩具	根据颜色进行玩具分类，把玩具分类后根据大小排序	分类能力、颜色概念、大小概念、排序能力	
走平衡步道	能平稳走过平衡步道	大运动技能、平衡能力	

(2) 课堂记录表

课堂记录表用于在课程实施过程中进行记录。对课程每个环节的重要参与者，即教师、家长、婴幼儿的行为进行详细记录，以便进行系统分析。

表2-6 课堂记录表

环节	行为(教师、家长、婴幼儿)	解释与评价

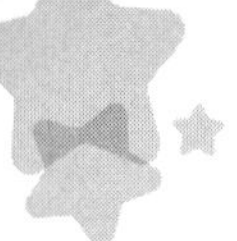

(3) 课后检测表

课后检测表用于课程后，家长和教师对婴幼儿的表现进行客观评价。家长可以通过每个活动个性化的教学目标，针对性地与婴幼儿互动，评价其完成情况，并和教师进行交流，以便更科学地认识婴幼儿的能力，并提升家庭教养质量。表 2－7 是课后检测表的范例。

表 2－7　课后检测表(综合课程)

婴幼儿姓名：　　　　　　　　指导老师：　　　　　　　　日期：

一、沿线行走(培养专注力和平衡感)
能在家长的帮助下完成沿线行走活动

家长评价	完成很好(　　)	完成较好(　　)	未完成(　　)
教师评价和建议：			

二、说谢谢(培养自我认识和社会交往能力)
能在家长的鼓励下大方上台，给大家鞠躬表示感谢

家长评价	完成很好(　　)	完成较好(　　)	未完成(　　)
教师评价和建议：			

三、跳跃(培养愉悦的情绪、节奏感以及亲子感情)
能和家长一起跟随教师游戏，感受节奏，伴有愉悦的情绪

家长评价	完成很好(　　)	完成较好(　　)	未完成(　　)
教师评价和建议：			

四、音乐活动(掌握基本的节奏，感受节奏的欢快)
能手握沙蛋感受音乐基本的节奏

家长评价	完成很好(　　)	完成较好(　　)	未完成(　　)
教师评价和建议：			

五、实物与图片配对(平面图形与立体物品一一对应，增强观察能力和抽象思维能力)
能在家长的引导下进行操作，表现出独立的观察能力和思维能力。

家长评价	完成很好(　　)	完成较好(　　)	未完成(　　)
教师评价和建议：			

六、体操(培养动作模仿能力，发展大运动技能)
能在家长引导下学习体操，模仿动作

家长评价	完成很好(　　)	完成较好(　　)	未完成(　　)
教师评价和建议：			

七、谈话美术活动(丰富生活认知，了解飞机的基本功能；培养动手操作的能力；增强手臂力量)
认识飞机，动手涂色

家长评价	完成很好(　　)	完成较好(　　)	未完成(　　)
教师评价和建议：			

教师综合评价和建议：

(4) 阶段性评价表

一个阶段的课程结束后，家长可根据婴幼儿的日常表现，填写阶段性评价表，以此作为发展指导。此处以 10—12 个月婴幼儿发展状况家长评价表为例，见表 2－8。

表 2－8　10—12 个月婴幼儿发展状况家长评价表

发展领域	评价内容	家长在(　)内打“√”
社会行为发展	知道常见物品的名称及人的称呼	是(　)　否(　)
	懂得说“不”	是(　)　否(　)
	能模仿拍娃娃	是(　)　否(　)
	穿衣服时知道配合大人	是(　)　否(　)
语言发展	能模仿发语音	是(　)　否(　)
	能有意识地发一个字的音	是(　)　否(　)
	叫爸爸妈妈时有所意指	是(　)　否(　)
认知发展	能拿掉扣住积木的杯子	是(　)　否(　)
	能寻找盒内的东西	是(　)　否(　)
	能模仿他人推玩具小车	是(　)　否(　)
	会盖瓶盖	是(　)　否(　)
精细动作发展	拇指、食指动作娴熟	是(　)　否(　)
	会全掌握笔	是(　)　否(　)
	会试着把小丸投入小杯	是(　)　否(　)
大运动技能发展	可以扶着栏杆行走	是(　)　否(　)
	能扶物蹲下取物	是(　)　否(　)
	能独站片刻	是(　)　否(　)
	在大人牵着一只手的情况下能向前走	是(　)　否(　)

姓名：　　　　　　　　　　联系电话：　　　　　　　　　　测评日期：

拓展阅读

本章系统介绍了亲子教育课程的设计。一套科学的课程方案对婴幼儿成长的意义有多大呢？曾有学者做过一个非常经典的教育实验。

高瞻课程研究报告①

从1962到1965年的“佩里学前学校方案”的研究被设计成一个经典的科学实验。实验设计，将儿童随机分配到控制组和实验组中。实验是一项纵向研究。结果，这个研究揭示学前教育（与没有接受学前教育相比）有着积极的效果，并且这种效果可以清晰确定地陈述出来。在其研究报告《改变生活：佩里学前学校方案对参与儿童到19岁时产生的效果》中，高瞻教育研究基金会记录了高质量的学前教育有着持久的效果，它可以改善学生在学龄期的学业成就，减少青少年的不良行为和犯罪，减少对社会福利的依赖，减少少女怀孕的概率，提高学生的高中毕业率，提升学生入读中学后课程的比率，提高学生的就业率。对这些研究发现进行的成本—收益分析凸显了学前教育的经济回报。

【本章小结】

本章以国际视野简要介绍了0—3岁婴幼儿亲子教育课程的理论依据、目标设计、内容选择与组织、评价方式，以帮助学习者系统理解相关内容。本章旨在帮助学习者了解课程理念、课程目标的建构方法，课程内容的选择与组织方式，课程评价的方法，最终提升亲子教育课程的质量。

【学习活动】

4—5人一组，运用所学知识并结合自己的教育思考，简要设计一套针对0—3岁婴幼儿的亲子教育课程，包括课程理念、课程目标、课程内容、课程评价。

【复习与思考】

1. 婴幼儿亲子教育课程的理论依据主要包括哪些学科领域，请作简要阐述。
2. 简述婴幼儿亲子教育课程目标的来源及设计要求。
3. 简述婴幼儿亲子教育课程内容选择的考虑依据及组织原则。
4. 简述婴幼儿亲子教育课程评价的作用。
5. 请尝试为2—3岁幼儿的厨艺课程设计课程理念、课程目标、课程内容及评价方法，并自备简单的教具组织该活动。

① 斯泰西·戈芬，等.课程模式与早期教育（第二版）[M].李敏谊，译.北京：教育科学出版社，2008：214-215.

第三章　婴幼儿亲子教育课程的环境创设与材料选择

☞ **学习目标**

1. 了解婴幼儿亲子教育课程环境的构成与意义。
2. 理解在0—3岁婴幼儿亲子教育课程环境的创设中，物理环境和心理环境对婴幼儿的发展具有至关重要的作用。
3. 掌握婴幼儿亲子教育课程材料选择的要求，能够根据婴幼儿的不同月龄提供不同的玩具。

一、婴幼儿亲子教育课程环境的构成与意义

（一）什么是婴幼儿亲子教育课程的环境

婴幼儿亲子教育课程的环境是指有准备的教育环境。婴幼儿亲子教育课程的环境是具有知识和富有感受性的成人来为婴幼儿预备的，符合婴幼儿需求的真实环境，是可以提供满足婴幼儿身心发展所需的活动与练习的环境，是充满关爱、自由、快乐、舒适与便捷的环境。

蒙台梭利认为，成人是环境的创造者、维护者，是对孩子与环境的观察者，也是帮助孩子发展的引导者。婴幼儿在0—6岁具有潜力巨大的吸收性心智，0—3岁婴幼儿无意识地吸收，3—6岁幼儿有意识地吸收。成人除了要预备一个能够回应婴幼儿发展需求的环境之外，还要注意自己的言行。成人的一举一动都会带给婴幼儿有意识、无意识的影响。

（二）婴幼儿亲子教育课程环境的意义

成人可以为婴幼儿提供多彩、柔软、安全的玩具，适宜的音乐，有趣的物品，室外景观，图书，甚至友好的对话机会，以支持婴幼儿运动、感知觉、语言等能力的发展。婴幼儿的发展需要一个舒适、健康、多样与能活动的空间环境。好的早期教育机构必须是像家一样温暖、舒服与放松的地方，有柔软舒适的布置，符合婴幼儿年龄特点的设施，让婴幼儿有被尊重的感觉，使婴幼儿产生对环境的信任感和安全感。

婴幼儿与环境的关系，就像成人与环境的关系一样。成人欣赏环境，可以记下来，储存在脑海中，可以随时回想。婴幼儿不但能够记住看到的事物，还能使其内化成为心灵的一部

分。婴幼儿在环境中看到的、听到的、感受到的优美人事物，都将滋润着他们的成长。

（三）婴幼儿亲子教育课程环境的构成要素

婴幼儿亲子教育课程环境应是能够提供给婴幼儿发展机会的环境。在这个环境中，婴幼儿能够感觉到安全、爱、归属感，当然也能自由活动。婴幼儿亲子教育课程环境有五大构成要素。

1. 安全

环境的安全性是重要的原则，在安全的环境中，婴幼儿才敢于去探索，哪怕有碰撞，都不会担心受伤。

2. 自在

要为婴幼儿提供一个开放、自在的环境，让婴幼儿有说话的自由，有选择玩具的自由，并且愿意多次练习。

3. 环保

婴幼儿的抵抗力比较弱，因此，确保环境的干净、健康非常重要。特别要避免有害的材质、气味等。

4. 结构

环境中，物品的呈现与排列需要具有结构性和秩序性，从左到右，从上到下，从简单到复杂，从具体到抽象。0—3 岁的婴幼儿正处于秩序敏感期阶段，环境中的秩序能让婴幼儿建立对环境的信任感，为婴幼儿带来安全感。婴幼儿必须通过外在秩序的建立，才能内化成自身的秩序感。

5. 美感

婴幼儿喜欢生活在美的环境中。环境中的空气要新鲜，光线要充足，设备要安全；要有良好的规划，避免彼此碰撞，营造整体和谐的气氛。整体性的美感应该体现出秩序、齐全、美观、整洁；气氛则需要温暖、关爱、和谐、自由。

二、婴幼儿亲子教育课程环境的创设

亲子教育课程环境的构成需要以上几个方面的要素，0—3 岁婴幼儿亲子教育课程环境的创设，则可以从物理环境和心理环境两个方面来阐述。

（一）物理环境

1. 安全的环境

家具的摆设要考虑婴幼儿跑跳的路线，危险的物品不要放在婴幼儿拿得到的地方，锐利的桌角等要有防护的措施，以避免婴幼儿跌倒碰伤。

婴幼儿成长到可以爬行的时候，碰到危险物品的机会就相对多了起来。这时，成人必须注意以下三种容易发生意外的地方。

第一种，水泥、磨石子、瓷砖等铺设的地板。这样硬度较高的地板对学习爬行的婴幼儿来说，一旦跌倒，容易受伤。为避免发生危险，可在硬地板上面铺设软垫，不过要使用厚度较高的软垫才能发挥作用。值得注意的是，要避免买有很多小花纹的软垫，以防婴幼儿将小花纹抠下来吃。

第二种，尖锐的桌角或者柜子角。最好将所有的桌角或柜子角都套上护垫。这样，即使婴幼儿不慎撞到，也能将伤害降到最低。

第三种，电插座。婴幼儿可能会爬到电插座附近，产生触电的危险。婴幼儿的父母可使用电插座的防护盖，或者安全插座。

2. 健康的环境

环境应该通风良好，采光佳，并且要干净。要定期进行清洁、打扫，保持环境的卫生良好，婴幼儿才不会容易生病。

3. 游戏的环境

游戏的环境也是学习的环境。玩具能够帮助婴幼儿建构自我和发展心智。通过多次重复的练习和操作玩具，婴幼儿能够增强专注力、动手操作能力等。

（二）心理环境

良好的心理环境是指给婴幼儿良好的文化氛围、良好的心理氛围。在家庭中，父母需要提供一个健康的家庭环境。父母是孩子的第一任老师，父母的举手投足都影响着孩子的成长。教育好自己的孩子，对每一个父母来说都是需要专注一生的事业。

成人是婴幼儿学习的榜样。当成人彬彬有礼，婴幼儿也会彬彬有礼；当成人满口粗话，婴幼儿也会满口粗话。如果成人个性容易紧张，常常打骂婴幼儿，又或是帮他们代劳很多事情，那么婴幼儿就会对自己没有自信，容易产生焦虑，并且不敢面对陌生人。良好的家庭心理环境对婴幼儿的身心发展有着重要的意义。

教师与婴幼儿相处的时间虽然没有父母长，但同样能够影响婴幼儿的成长。在婴幼儿的世界中，教育者也是照护者，照护者也是教育者。婴幼儿始终会被照护者影响。所以，照护者与婴幼儿之间应当建立依恋与信任、尊重与回应、接纳与支持等多种良性互动关系。

1. 照护者与婴幼儿之间的依恋与信任

（1）安全感的获得

如果照护者能够细心考虑，尽可能减少照料过程中产生的意料之外的变化，婴幼儿就会知道他们能够预测即将发生的事情，他们的无助感会减少，安全感会随之增强。

获得安全感的婴幼儿与母亲感情融洽，与母亲在一起时能安心地玩耍，对陌生人的反应也比较积极。当母亲离开时，获得安全感的婴幼儿会表现出一定的忧伤，可能会哭泣；当母亲回来时，则会主动与母亲亲近，但会很快平静下来，继续开始玩。

安全依恋是婴幼儿情绪稳定、积极适应社会和发展认知的重要基础。

(2) 母婴依恋的建立

依恋是个体生命早期的情感联结，是婴幼儿与哺育者之间的一种积极的、充满深情的感情联系，它对于激发父母更精心地照料后代，形成婴幼儿最初信赖的个性特点，具有重要的影响。①

母婴依恋的建立尤为重要。其表现为：将多种行为，如微笑、咿呀作语、哭叫、注视、依偎、追踪、拥抱等都指向母亲，最喜欢同母亲在一起，与母亲接近会感到最大的舒适、愉快，在母亲身边能得到最大的安慰；同母亲分离则会感到最大的痛苦；而平时饥饿、寒冷、疲倦、厌烦或疼痛时，首先要做的往往是寻找母亲，接近母亲的可能性要大于接近别人。②

母婴依恋一旦建立，婴幼儿就会经常欢笑而少哭闹，情绪欢快、活跃而好探索，喜欢摆弄、操作物体，喜欢尝试着接近新事物、新情景甚至陌生人，有助于婴幼儿形成积极、健康的情绪情感，养成自信、勇敢、敢于探索的个性，并促进婴幼儿智力发展，培养婴幼儿乐于与人相处、信任人的基本交往态度。③

在建立母婴依恋的过程中，母亲对婴幼儿反应的敏感性、接受性促使形成一种稳定的依恋。这种依恋对婴幼儿的合作性、社会性行为以及表达正向情绪的能力都有帮助。当它发展成为更平衡的伙伴关系后，将有助于儿童自我导向及领会他人的感情和关切。因此，依恋感的培养又是形成移情能力和同情心的基础。④

2. 照护者与婴幼儿之间的尊重与回应

(1) 鼓励积极的探索行为

探索行为是婴幼儿自发表现出来的好奇心。婴幼儿常常碰到什么东西就乱搞，弄翻抽屉，打开橱门，拿出锅铲勺子当玩具等。如果任其自由发挥，成人的生活就会受到影响。因此，最好先将危险物品、易损坏的物品放置在婴幼儿拿不到的地方，既保护他们的好奇心，又满足他们探索的欲望。婴幼儿是能动的个体，照护者需要基于婴幼儿的年龄特点，鼓励其积

---

① 冯浸.儿童福利院“模拟亲子教育”志愿服务研究——以无锡市社会福利中心为例[D].南京：南京理工大学，2013.

②③④ 朱小蔓，梅仲荪.儿童情感发展与教育[M].南京：江苏教育出版社，1998：75.

极的探索行为。

对于 0—1 岁的婴幼儿，其独自玩耍的时候，不要因为成人的需要而去干扰他们。婴幼儿虽然喜欢大人，但是偶尔也会享受自己独处的快乐时光。比如，他们偶尔会摸摸自己的手脚，这正是他们开始意识到自己的身体而兴奋的时候，成人千万不要去干扰。

1 岁左右的婴幼儿会开始以触摸的方式进行探索。照护者最好不要加以限制，尽量满足他们的意愿。1 岁左右的婴幼儿对日常用品的喜爱程度远超过现成的玩具，照护者必须先考虑安全性，再让婴幼儿玩耍。

2 岁左右的幼儿最喜欢模仿母亲和照护者的举动。所以，成人要放慢动作，引发幼儿的自发学习，进而引导他们迈向独立的生活。成人还可以准备适合 2 岁左右幼儿使用的实物小道具，给其带来感受实物的乐趣。

3 岁前，婴幼儿的自发性和意志力开始萌芽。他们虽然想要自己做，但是由于有许多事情还不顺手或无法控制，常常失败，因而发脾气。一旦努力完成自己想做的事情，婴幼儿就能得到信心。其自发性会因为大人的干预而突然瓦解。为了使婴幼儿减少压力和挫折感，成人可以选择略有难度但不超出婴幼儿能力范围的玩具让其探索。

3 岁以后，成人可以让幼儿增加自己选择的经验。这个年龄段的幼儿往往在情绪不稳定的情形下自作主张，已经开始有自己的思考，自己会采取行动。成人不要任何事情都顺从幼儿的要求，但重视幼儿的意见也是很重要的。要是幼儿对事情有了判断力，就让其自己做选择。这样，有助于提升幼儿的自发性、自主性。

(2) 建立规则

照护者与婴幼儿之间也要建立一定的规则。这样，才能让婴幼儿在规则中自由探索与更好地发展。要让婴幼儿将外在的规则慢慢内化于心中，逐渐形成自己的内在规则意识，培养以后的社会规范意识。照护者可以从以下角度建立规则。

① 让婴幼儿参与到他们感兴趣的活动当中，使用他们感兴趣的玩具。照护者不要敷衍了事，或者转移和分散婴幼儿的注意力以求快速完成某项任务。

② 当婴幼儿选择了适合并乐于探索的玩具时，照护者应及时点头微笑，表示鼓励，及时在旁关注婴幼儿与玩具之间的互动。

③ 必要时，照护者要很好地示范玩具的玩法，动作和语言要轻柔，以方便婴幼儿观察与模仿。

④ 当出现婴幼儿用力击打玩具和照护者的情况时，应立即制止，并用语言和表情告知婴幼儿：被击打的人或物体会很难过，会疼痛，需要轻轻抚摸。照护者也要示范正确的行为方式。

⑤ 当婴幼儿在探索过程中遇到困难及问题时，照护者先不要急着帮助解决，而是给点时间让婴幼儿自己尝试解决。

⑥ 当婴幼儿不想探索时，照护者需要及时指导、协助婴幼儿将物品放回原处。

⑦ 寻找一切可以培养婴幼儿自主性的机会，鼓励、协助他们完成任务，并坚持下去。

⑧ 若需要婴幼儿关注、参与照护者正在完成的工作，或进行等待，要告知婴幼儿，此时，照护者正在做什么。

⑨ 婴幼儿也是人，请平等和他们交流沟通，让他们觉得自己被尊重。

⑩ 婴幼儿以哭泣来表达自己的主张时，若能立即得到照顾，情绪就会稳定下来，以后就会用哭泣明确地表达自己的需求。但是，呵护过度可能会养成婴幼儿爱撒娇哭泣的习惯，因此，照护者必须酌情行事。

总之，要重视婴幼儿每个阶段的发展质量，但也不要揠苗助长。

3. 照护者与婴幼儿之间的接纳与支持

照护者和婴幼儿应建立良好的互动关系。婴幼儿的认知发展、社会性发展、情感发展，通过日复一日相对稳定的互动模式逐渐形成。亲子互动需要注意以下两点。

（1）高质量的陪伴

陪伴听起来很容易做到，但其实是最难做到的事情。婴幼儿的成长需要陪伴，尤其是高质量的陪伴。

陪伴对婴幼儿成长有着重要意义。照护者的陪伴和关爱是婴幼儿最基本的自信来源，是婴幼儿直面困难，与人友好交往的基本动力。

照护者的陪伴让婴幼儿感受到关爱，让婴幼儿得到安全感，感受到有人关心着自己。照护者的陪伴给了婴幼儿一个可以安心栖息的港湾，让婴幼儿感受到温暖和慰藉。照护者的陪伴如果质量不高，就容易影响婴幼儿的成长。

照护者如何为婴幼儿提供高质量的陪伴呢？

① 与婴幼儿有更多的互动

照护者可以参与婴幼儿的活动，和婴幼儿一起玩游戏。在平时的生活中，照护者可以试着和婴幼儿合作，或是和婴幼儿一起学习，一起玩有趣的教玩具，一起做家务。这些互动能让照护者的陪伴质量提高，让婴幼儿感受到更好的陪伴。在有限的时间里，照护者和婴幼儿一起进行高质量的互动，能够使婴幼儿获得安全感。

② 学做认真、诚心的倾听者

照护者希望婴幼儿能够学会体谅成人的不容易，学会感恩，那么照护者也要做到换位思考，多站在婴幼儿的角度思考问题，倾听婴幼儿的心声，更好地帮助婴幼儿。照护者认真地听婴幼儿说话，会让婴幼儿感受到自己被重视，自己的意见被接受，这会大大地提升婴幼儿的满足感和安全感。

③ 和婴幼儿一起阅读

照护者除了要与婴幼儿进行生活中的互动，也需要一些两人安静看书阅读的时间。创造良好的阅读环境，给婴幼儿创造美好的情感记忆，能够让阅读成为婴幼儿童年中的习惯。照护者可以用充满感情的语言，绘声绘色地描绘绘本中的童话故事，和婴幼儿一起畅游书本的世界。

④ 及时回应婴幼儿

及时回应婴幼儿的哭声和要求是非常重要的，这会让他们感觉到自己被认可和被爱。很多照护者总是问孩子大哭大闹该怎么办，并对此一筹莫展。其实，婴幼儿从平静到大哭大闹，一定经历了一个过程，通常是：受挫—沮丧—生气—发脾气。在婴幼儿情绪失落以前的每个阶段，我们都可以通过及时回应他们的感受和需求，来化解问题。即便对于小月龄的婴幼儿，这种及时的回应也很重要。

(2) 支持性的亲子互动

支持性的亲子互动是照护者支持婴幼儿自主学习、自我发展的互动。照护者根据婴幼儿自身的情况，设计能支撑其发展的活动和游戏。活动要契合婴幼儿的兴趣，尊重婴幼儿的差异，让照护者与婴幼儿之间的关系更为密切。比如，可以选择适合的教玩具，选择适合的活动或游戏，以进一步提升婴幼儿身心的发展。

(三) 环境对婴幼儿身心发展的影响

婴幼儿的成长环境、亲子教育课程的环境，对婴幼儿形成了方方面面的影响。

1. 对婴幼儿生理发展的影响

婴幼儿的身体和动作发展都与成长环境相关，因为发展是遗传和环境的交互作用。当婴幼儿在生理上日渐成熟时，就会和环境频繁互动。环境对婴幼儿存在潜移默化的作用，因此，对环境的切实规划格外重要。

例如，当婴幼儿还不会坐、爬行、站立时，他们不会主动去拿取玩具。因为他们还没有发展到可以进行抓握，也不能爬到指定的区域拿取玩具，更不会扶着眼前的横杆慢慢站立。直到他们的四肢慢慢发展到一定程度时，他们才会爬行到不远处拿取玩具，或是爬到横杆前，上肢扶住镜子或墙壁，慢慢起身，抓住横杆，尝试将脚向前移动。这种情况下，婴幼儿就和环境产生互动了。

2. 对婴幼儿认知和语言发展的影响

婴幼儿在学习说话的时候，学习的效果很明显。从一开始的牙牙学语到后来的熟练使用语言，这一过程中，周围环境和其中的人、事、物都会影响婴幼儿在语言上的发展。语言的发展体现了认知的发展。

在婴幼儿还没有开口说话之前，他们通过看、听来学习语言。比如，大人说："这是妈妈。""这是吃饭的碗。""这是布娃娃。"等。久而久之，听到的信息越多，婴幼儿的脑中建立了庞大的信息资料库。婴幼儿在说出一个物品的名称前，一定是经过了听与看的累积。说出名称之后，照护者可以创造机会，让其与说出的物品进行互动——摸摸它，抱抱它等等，婴幼儿就会对这些物品产生新的认知。比如，知道妈妈的脸暖暖的，敲敲碗是有声音的，布娃娃是毛茸茸的等等。

3. 对婴幼儿情绪发展的影响

有利的环境可以带给婴幼儿温暖、鼓励与充满爱的氛围，也能满足婴幼儿的好奇心，给予婴幼儿探索事物的热情，培养创造力。环境会影响婴幼儿的情绪发展。过于拥挤的环境可能使婴幼儿的攻击性增强。倘若能提供一个适合婴幼儿成长的环境，让婴幼儿感受温暖、亲密、稳定的关系，婴幼儿将由此得到愉快、满足，并顺利发展安全的依恋关系。

婴幼儿从出生后就在家中生活。家里的氛围如果是这样的：爷爷奶奶会因为一些小事而起争执，声音也较大。那么，婴幼儿听到的声音就很大声，有时身体甚至会出现抖动，这是婴幼儿对大声的一种生理反应。长此以往，婴幼儿对声音就会很敏感，只要有稍大一点的声音，就会用双手捂住耳朵，有时还会躲在一个小角落里。这样的婴幼儿，其情绪就会比较激动，容易焦虑，会对新环境和新事物有陌生感，产生回避的情况。

4. 对婴幼儿社会性发展的影响

婴幼儿社会性的发展是在一定的环境中实现的。在环境中，如果婴幼儿与主要照护者互动，产生信赖感与安全感，那么，在日后与他人互动的过程中，他们通常也会比较乐于与他人沟通、分享，有利于逐渐独立地掌握社会规范、处理人际关系等。空间环境规划得当，有适度的空间密度、合理的动线等，有助于使婴幼儿愿意与他人接触，提升与同伴互动的质量。

如果家庭成员彼此之间的关系很和谐，那么婴幼儿就会更加自信、开朗，并且愿意与他人交往，培养良好的人际关系。婴幼儿也会模仿家长的行为。在家庭中，如果爸爸妈妈总是对客人热情地招呼，对老人给予关爱，乐于助人，那么，婴幼儿就会学习父母这样的行为，在将来遇到有客人来、有人需要帮助的情况时，采取适当的行动，培养良好的社会行为。

三、婴幼儿亲子教育课程材料的选择

（一）婴幼儿亲子教育课程材料选择的要求

玩具和绘本是两类主要的婴幼儿亲子教育课程材料。这里，对玩具和绘本的选择要求作简要的介绍。

1. 玩具

“玩具”又称“玩物”，是儿童游戏所使用的物品。对于婴幼儿来说，身边的物品无所不拿，无所不玩。因此，“玩具”可以广义定义为：被利用作为游戏对象的物体。

玩具对婴幼儿而言可谓种类丰富，玩具有不同的材质和游戏形式，可以是自然物体，如泥土、石块、树枝、贝壳等；也可以由人工制作，如布偶、卡牌、积木、拼图等。玩具对于人类社会的发展具有重要意义，在儿童社会化的过程中扮演重要角色。通过玩玩具，儿童可以学习如何运用工具、锻炼身体及理解因果关系；玩具也可以用于治疗。[①] 成人在为婴幼儿提供玩具时，不仅希望玩具能让婴幼儿专注、愉快，更希望玩具能为婴幼儿发展助力，发挥启发与教育的功能。

玩具最主要的功能，就是让婴幼儿感觉到快乐，如果无法做到这一点，不论成人认为多理想，都不能算是有价值的玩具。不过，每个婴幼儿都有自己的个性与喜好，喜爱的玩具多少会有差别。玩具在婴幼儿的生活中扮演着不可或缺的重要角色。为了避免婴幼儿接触含有重金属或可塑剂等有害物质的玩具，或是因为玩具材质与设计上的瑕疵对婴幼儿造成危险，以下将提供八个为婴幼儿选择安全玩具的诀窍，作为成人选购玩具时的参考。

(1) 选择贴有国内外商品检验标识的玩具

选择贴有国内外商品检验标识的玩具，是为婴幼儿挑选安全玩具的基本原则。经过国内外商品检验合格，代表玩具已经通过政府检验的关卡。若通过其他国家设定的安全检验标准，玩具的相应位置会贴上该国的安全标志，例如，欧盟的 CE 标志，美国的 ASTM 标志等。这些都是成人在选购进口玩具时，最合适的安全参考指标。

(2) 玩具必须附有清楚的商品标示与说明

安全玩具的包装上必须明确标示玩具名称、制造商或进口商的详细资料及联络方式，以及玩具的材质或成分、适用年龄、使用方法等。此外，有些玩具上还会有特殊的警告标识，提醒使用时应注意的事项。

(3) 选择可靠的玩具品牌与店家

这几年，由代工厂生产的玩具在市面上流通很广，但因质量不是很稳定，所以相当依赖重视质量的品牌授权商严格把关。而玩具的销售渠道较为多元，部分贩售点存在稽查不易的问题，因此，为确保玩具的质量，建议选择有信誉的大品牌，到信任的店家购买玩具。对于价格过于便宜的玩具，也要留意，才能避开危险玩具。

---

① 贾路斯.纸浆材料在儿童玩具设计中的应用研究[D].广州：华南理工大学，2019.

(4) 玩具零件必须牢固

零件牢固的玩具才能避免婴幼儿割伤或误食。选购时,记得要将玩具表面的凸起物拉一拉,检查是否容易断裂,或是玩具的零件(如,娃娃的眼睛或是小汽车的轮胎)是否牢固。填充玩具则必须注意车缝线紧不紧密,有没有填充物外漏的情况。

(5) 选择材质合格、适合婴幼儿的玩具

玩具表面如未经处理,有锐利的边缘或是过于粗糙,很容易让使用者受伤。选择玩具的过程中,也要注意玩具表面的涂料是否容易脱落或有刺鼻的气味。玩具的耐压力也很重要,只有经得起婴幼儿重压或是捶打的玩具,才能避免碎裂成小块后扎伤婴幼儿或造成吞食的危险。

① 木头类

木头类玩具原料较天然,但木头类玩具上若涂有带刺激性气味的漆料或亮光剂,则尽量减少购买。购买木头类玩具时也要注意是否有木屑或裂开等状况,否则可能会伤害到婴幼儿。清洗时,也要避免使用较粗颗粒的海绵或刷子,以免破坏木头表面,最好以喷酒精的方式清洁,擦一擦自然风干即可。

② 塑胶类

塑胶类玩具包装上都会有三角形符号标示的号码,标示 2 号、4 号及 5 号的玩具较为适合婴幼儿使用,因为可承受较高的温度,在正常温度下不会释放毒素。购买橡皮类玩具时,要避免选择闻起来有刺鼻塑胶味,摸起来有黏稠感的产品。

③ 金属类

目前,市场上也存在金属类的玩具或配件,这些玩具的金属材料可能含有铅、汞、镉等有毒物质。铅中毒可能导致智能损伤及行为异常;汞可能影响神经系统及认知发展;镉摄入过多可能造成肾、骨骼及肺等器官的病变。另外,金属类玩具边缘多半较为锐利,挑选时要格外留意,以避免婴幼儿玩耍时割伤。

④ 绒毛类

绒毛类玩具由于容易附着尘螨,所以购买回来后必须立刻清洗干净,经阳光暴晒后再玩。不玩时也务必装在塑料袋内,尽量避免让婴幼儿放到嘴里。

⑤ 电子类

通常,电子类玩具都会有电池。若是长时间不玩,电池可能会漏液,因此,不玩时记得将电池取出。由于婴幼儿可能会拿起来啃咬玩具,若口水流进去,可能使玩具产生臭味。因此,建议消毒再自然风干,尽量不要使用清洁剂清洗玩具,以免清洁剂残留在玩具上被婴幼儿吃下肚。

(6) 玩具零件的接合处必须密合

玩具零件与零件之间的接合处，应该确实密合黏牢。如果零件之间有缝隙，最好要大于1.2 厘米或小于 0.5 厘米，这样才不会夹到婴幼儿的手指。①

(7) 玩具应通过小零件试验

给 0—3 岁婴幼儿使用的玩具，必须通过小零件测试，以避免婴幼儿误食。小零件测试包含确认玩具本身及其零件的直径须大于 3.17 厘米；直径小于 3.17 厘米的零件，则长度必须大于 5.71 厘米；球型玩具或挤压玩具的直径须大于 4.5 厘米才能确保使用安全。②

(8) 玩具的绳索不宜过长

为了避免婴幼儿玩耍时缠绕脖子造成窒息的危险，18 个月以下婴幼儿使用的玩具，如附有绳索或松紧带套环，其长度不能超过 22 厘米，18—36 个月幼儿适用的玩具则不能超过 30 厘米。③ 另外，18 个月以下婴幼儿适用的玩具，其绳索/弹性绳的厚度(最小尺寸)应大于或等于 1.5 毫米。④

2. 绘本

绘本，类似于早期的中国小人书，是以绘画为主，只有少量文字，甚至没有文字的图书。绘本主要是用图画来表达故事情节的，由于文字少，所以通常需要先理解图画的意思，才可以把故事完整地讲出来。婴幼儿可以通过自己观察理解，或者由照护者来讲述图中的文字，帮助理解。

绘本的内容贴近婴幼儿的生活，充满童趣；画面精致考究，情节连贯；形式多样，有横开本、竖开本，还有洞洞书、触摸书、立体书等，更适合婴幼儿全方位地参与阅读。绘本不仅能够讲故事、学知识，还可以全面帮助婴幼儿建构精神世界，培养多元智能。⑤

绘本通过图文结合的形式来讲故事，图画是婴幼儿通往故事王国的密码，就算不识字，仅仅通过读图，婴幼儿也能将内容了解大半，阅读对他们来说没有障碍。

绘本能激发婴幼儿的想象力、逻辑思维能力，提升婴幼儿的观察力、语言能力，全面帮助婴幼儿构建精神世界，培养多元智能。绘本是国际公认的最适合婴幼儿阅读的书籍，是婴幼儿的“人生第一书”。绘本的选择要遵循一定的要求。

(1) 适合 0—3 岁婴幼儿的绘本应当情节简单、篇幅较短。相似的句式结构、反复出现的

① 高燕，高惊涛.玩具产品国家强制性标准适用年龄组的确定与安全技术要求[J].轻工标准与质量，2020(2)：49 - 51.

②④ 中华人民共和国国家质量监督检验检疫总局，中国国家标准化管理委员会.玩具安全 第 2 部分：机械与物理性能[EB/OL].(2014 - 05 - 06)[2020 - 7 - 23].http://www.g6688.cn/bzgk/gb/newGblnfo?hcno=3B794478D94DDE255EDA7230AD31841B.

③ 贾义涵，翁云云.欧盟玩具安全标准 EN 71 - 1：2014+A1：2018 及启示[J].中国标准化，2021(2)：119.

⑤ 张宇霞.依托绘本丰富语文教学[J].小说家选刊，2016(23)：103.

故事内容，更有利于婴幼儿理解和模仿学说。

(2) 给婴幼儿欣赏的图画通常构图简单、轮廓清晰，可以让婴幼儿排除过多的信息干扰，把注意力放在面前的一两个主角上。

(3) 适合 0—3 岁婴幼儿的绘本也要贴近婴幼儿的生活，里面的人和物都是符合婴幼儿生活经验的。比如，散步、吃饭这些看起来再简单不过的小事；比如，做游戏、上厕所等场景……这些，都能让婴幼儿感到被亲人朋友环绕的满满爱意，继而产生安全感。

(4) 许多面向 0—3 岁婴幼儿的绘本设计了游戏互动的内容，能够成为亲子沟通的桥梁。成人可以利用绘本本身具有游戏性的设计，巧妙的模切与拉页，让部分画面先隐藏起来，等婴幼儿猜一猜，再展现全貌。这就像婴幼儿热衷的捉迷藏游戏，可以通过遮挡与发现、观察与对比，探索好玩的小细节。

(二) 不同月龄课程材料的选择

从出生到 1 岁左右的婴儿，主要依靠视觉、听觉、嗅觉、味觉、触觉等感官知觉来认识他们所生活的环境。1 岁之后，婴幼儿开始利用肢体活动扩大他们的探索范围。此时，玩具提供了婴幼儿初步与这个世界接触的桥梁。

1. 0—6 个月

因为 0—6 个月的婴儿年龄较小，短期内成长变化较明显。所以，分成 0—3 个月及 3—6 个月这两个年龄段来提供不同的玩具，这样可以更好地帮助其各方面的发展，详见表 3 - 1。

表 3 - 1　适合 0—6 个月婴儿的玩具

类别	0—3 个月	3—6 个月
视觉	可以选择黑白图卡及故事书。 使用打印机做出黑白图卡，印出黑白相间的棋盘格纹，再使用手电筒于后面照亮光，白格子就会有亮光吸引婴儿注意。 在全黑的纸上剪出一条弧形迷宫，沿着迷宫移动，光线强烈的明暗对比可以吸引婴儿的目光。 可以使用悬吊玩具。	购买由红、黄、蓝三个颜色组合而成的图卡或玩具。这类图卡或玩具颜色鲜艳，会引发婴儿抓的欲望，练习手部的抓握能力。 可以选择镜类玩具。 可以选择悬吊玩具。
听觉	可以选择声光玩具，但光源必须盖上红色罩子，避免直接照射婴儿的眼睛。 可以选择乐器类玩具。	3—6 个月的婴儿已经可以控制头部。可以利用乐器或声音玩具来引导婴儿寻找声音的来源。 可以选择的乐器类玩具：铃鼓、摇铃、沙铃…… 可以选择的声光玩具：声光鼓、小钢琴、电话……
嗅觉	婴儿刚出生时，嗅觉很敏锐，尤其对乳香味。若闻到母乳，婴儿会搜寻妈妈的乳头，若闻到刺激性味道，则会有嫌恶的表情。在这一阶段，可以尝试让婴儿闻不同的味道，到户外闻闻大自然的新鲜空气。	3—6 个月的婴儿能够辨别食物味道改变，以及不同的香味。

续　表

类别	0—3个月	3—6个月
味觉	出生1—2个月的婴儿就可以分辨乳汁和白开水，甚至可以了解酸甜苦辣等不同味道：吃到酸的就皱眉头，吃到苦的就吐舌头。这时，可以用棉花棒蘸天然食材的味道，给予婴儿味觉刺激。	3—6个月的婴儿能够辨别自己喜欢或不喜欢的东西，若碰到不喜欢的味道，会有相应的表情或肢体反应：嘴巴会闭紧、头会转开、手会推开。6个月左右的婴儿会想尝试不同的味道，任何东西都想要塞进嘴巴。因此，可购买有各种味道的固齿器或天然食材，让其啃咬。
触觉	0—3个月的婴儿，触觉最敏感处在嘴巴周围及手部，只要摸嘴巴旁边，嘴角都会跟着动，若挠手心或脚底板，他们也会有反应。因此，照护者可以使用手指头或柔软的毛巾来挠婴儿的手脚，诱发婴儿的抓握反射。	3—6个月的婴儿已经可以做简单的抓握动作。成人可以自行制作触觉箱：拿一个纸箱，在里面摆放各式各样材质的物品——绒毛布、尼龙布、硬玩具、软玩具，让婴儿可以获得不同的触感。 可以选择抓握玩具。

2. 6—12个月

出生后第6个月是一个成长的关键期，婴儿的五感有了明显的发展。这一阶段的玩具需要很好地刺激其感觉发展，多多刺激感官，促进大脑的发育。详见表3-2。

表3-2　适合6—12个月婴儿的玩具

类别	玩　具　选　择
视觉	婴儿8—9个月大时，可以开始玩图形配对游戏：认识三角形、正方形、圆形等。成人可以选购颜色鲜艳的形状积木桶。对比强烈的色彩方便婴儿观看，且不易造成视觉负担。
听觉	可以选择各种乐器或动物叫声的玩具。 可以选择乐器类玩具：铃鼓、摇铃、沙铃…… 可以选择声光玩具：声光鼓、小钢琴、电话……
嗅觉	婴儿7—12个月大时，可以分辨气味，闻到不同味道时会有不同反应。例如，闻到臭味捏住鼻子，把嘴巴捂住，做出自我保护的行为。
味觉	可以吃各种食物，培养健康的饮食习惯。酸甜苦辣、各种软硬程度都可以尝试，丰富味觉体验。但要注意，别吞太快，以免噎到。
触觉	6—12个月的婴儿，其视觉及触觉都已经有显著发展，若摸到硬或软的东西，能够记忆到脑海中。可尝试练习摸五官，例如，照镜子，摸摸自己的鼻子，再摸摸成人的鼻子。成人也可以发出呼吸的声音，使婴儿可以从视觉、触觉、听觉等多方面进行感受，并使婴儿形成安全感、信任感，与婴儿建立融洽关系。 可以选择触摸书、布书。 可以选择套叠玩具、布偶。 可以选择各式材质的球。 可以选择按压玩具。

3. 12—24个月

12—24个月的幼儿正在发展动作及基本认知。例如，学习走、理解因果关系、认人等。因此，成人可以让幼儿扭转开关、穿洞洞等。“过家家”等角色扮演游戏也十分适合。不过，成人应注意，玩具要多元化，不需要特别偏好认知玩具。只有这样，才能达到全面启蒙的效果。成人也应多给予幼儿可操作且与现实生活相关的玩具，这样，才能吸引幼儿的注意。详见表3-3。

表 3-3 适合 12—24 个月幼儿的玩具

类别	选购玩具	自制玩具
运动能力	可以选择学步玩具，例如，学步器、学步桥等，帮助幼儿学会使用双脚前进，学习走路，练习手眼协调、平衡感，强壮肌肉。 可以选择拖拉玩具。推的动作会较早出现，拉的能力则稍晚一些才会出现。因此，不妨选择可推、可拉，且推拉后会发出声音的玩具，以吸引幼儿的注意。例如，动物拉车、小推车等。 可以选择平衡玩具。摇晃设计的玩具有助于发展幼儿的平衡感。例如，小木马、秋千等。 可以选择有利于锻炼粗大动作的玩具。选择这类玩具的主要目的是让幼儿练习跨上、跨下的腿部运动，并用脚滑行。例如，滑步车等。 可以选择敲击玩具。敲击玩具即可以敲、抱、踢的玩具。例如，大球、不倒翁等。 可以选择全身运动玩具。全身运动玩具即会滚动的玩具，可让幼儿追、跑的玩具。例如，发条汽车等。 可以选择堆叠玩具。堆叠玩具即可以让幼儿堆叠、推倒的玩具。例如，叠叠乐、积木等。 可以选择敲打玩具。敲打玩具即打打敲敲乐之类的玩具，敲打时可以发出声音，可吸引幼儿先瞄准再敲打，有助于幼儿手眼协调能力的发展。 可以选择组合玩具。组合玩具即可以让幼儿自己组合、配对、穿套的玩具。例如，积木等。	可以布置适合扶、站、走的环境。例如，可以铺上游戏毯让幼儿匍匐前进，或是翻、滚、攀、爬。 可以利用小纸箱制作假山洞，让幼儿钻洞，练习技巧性的爬行动作。 可以用装冰箱的大纸盒，在上面割个小门、小窗户，自制成简单的娃娃屋。幼儿不仅可以在里面玩“躲猫猫”，甚至还可以把小椅子搬进去。
认知能力	可以选择配对玩具。例如，只要对准形状就可以放进去的积木益智盒。 可以选择拼图玩具。拼图玩具可以让幼儿由部分认识整体概念，但不宜超过 5 片，以免给幼儿造成挫折感。 可以选择因果关系类玩具。因果关系类玩具指可由小排到大，越堆越高的玩具。例如，可套叠益智连环罐等。 可以选择里外倾倒的玩具，例如，可以放进去、倒出来的积木益智盒玩具等。	可以多让幼儿接触真实的物品，再给予图像，让幼儿从具象认知发展到抽象认知。(例如，从实物苹果到苹果真实图片) 可以为幼儿制作简单的因果关系类玩具。例如，在面纸盒或纸巾盒中塞入布或长绳，自制“拉拉乐”让幼儿练习投放、抽拿、拉抽等动作。 幼儿接近两岁时，可以让其练习配对游戏。例如，由实物搭配模型，进展到模型搭配图卡。
语言能力	可以选择听觉玩具。听觉玩具指可以发出声音的玩具。例如，音乐列车游戏组、八音盒等。 可以选择语言玩具。12—24 个月的幼儿已经会用简单的字词来表达了。成人可以准备生活中常用物品的图片或字卡，让幼儿练习命名。 可以选择阅读玩具。简单的故事已经可以吸引 12—24 个月幼儿的注意力。成人可以提供简单的绘本来培养幼儿的阅读能力。 可以选择握笔涂鸦玩具。此时期的幼儿喜欢握笔随手涂鸦。可准备安全色笔让幼儿在纸张上尽情涂鸦。涂鸦画板也是不错的选择。	出生后 12—18 个月是幼儿牙牙学语的阶段。在这一阶段，可以向幼儿强调大量的单字，如“奶”“给”“拿”“吃”等。此外，也要多将环境中的名词及动词相联系，如：“树”和“摸”、“花”和“闻”、“奶”和“喝”。 幼儿 18 个月之后，就可以大量地接触书本，例如，味道书、布书、洗澡书等。
社会交往能力	可以选择提供安全感的玩具。例如，绒毛玩偶等具有温柔触感的玩具，让幼儿觉得安心。要选择易抱、易握且不易掉毛的玩偶，容易过敏的幼儿应尽量使用没有绒毛的产品。 可以选择角色扮演玩具。12—24 个月的幼儿非常喜欢模仿身边的成人，因此，可以给予其角色扮演玩具，例如，“闪亮小厨房”可以让孩子玩“过家家”，假装烹调，进行非常好的社会化游戏。	可以多带幼儿外出接触同伴，这是最好的社会互动。例如，可多带幼儿到游乐场，多与其他小朋友一同游玩，以此来完善社会化过程。 12—24 个月的幼儿自我意识极高，因此，游戏过程中常常会产生矛盾。成人可以教导其与人互动的正确方式，促进幼儿社会性的发展。
创造力	水、沙子、黏土、泥巴等，都特别受婴幼儿的喜爱。可以说，只要能用来粘贴、涂抹，会弄得湿湿、脏脏的东西，都特别受婴幼儿的喜欢。这些材料特别适合用来激发婴幼儿的创造力，因为这些材料都没有固定的形状，可以任由孩子运用想象力进行塑造。所以，婴幼儿即使是第一次接触这些材料，也能玩得很愉快，因为不论怎么做，都会有很明显的成果。这将很好地增强婴幼儿的自信心。	

4. 24—36 个月

24—36 个月的幼儿与前两年相比，已有明显的进步，从较被动、需依赖他人照顾，转变为可以自由活动、充满探索精神。适合 24—36 个月幼儿的玩具详见表 3－4。

表 3－4　适合 24—36 个月幼儿的玩具

<table>
<tr><th colspan="2">类　别</th><th>内　　容</th><th>备　　注</th></tr>
<tr><td rowspan="2">运动能力</td><td>大运动技能</td><td>可以选择骑乘玩具。例如，三轮车。
可以选择球类玩具。例如，足球、保龄球、皮球……
可以选择游乐器材。例如，荡秋千、滑梯、木马……</td><td rowspan="2">24—36 个月的幼儿，在动作技能上，无论是关节稳定性还是协调性，都有明显进步。所以常看到他们活力旺盛地尝试攀爬各类活动设施，而且能运用手腕、手指做相对复杂、灵活的动作。
24—36 个月的幼儿玩球类运动时，不再像之前那样无章法，而能朝目标方向丢或投掷，并且持续更久的时间。</td></tr>
<tr><td>精细动作</td><td>可以进行手指操作。例如，串珠、穿线板、夹、舀、剪、画画……
可以进行穿衣练习。例如，练习扣扣子、拉拉链、使用魔术贴等。</td></tr>
<tr><td colspan="2">认知能力</td><td>可以选择配对玩具。例如，颜色配对、形状配对……
可以选择序列玩具，练习分辨大小、粗细、高低……
可以选择对应玩具，练习一一对应。
可以选择分类玩具，进行颜色、形状分类……
可以运用七巧板等拼图玩具辨别部分与整体。
可以选择数概念玩具。例如，按洞洞数量放入一定的珠子、数字小方块……</td><td>经过之前的生活经验累积，再搭配语言能力的发展，24—36 个月的幼儿所能辨认的信息不断增加，渐渐能察觉身边的人、事、物并将其指认出来。
24—36 个月的幼儿已渐渐具有配对、序列、分类、数数等概念。
24—36 个月的幼儿对大小、颜色、形状感兴趣，开始会去分辨它们的特征。</td></tr>
<tr><td colspan="2">语言能力</td><td>可以选择听觉刺激玩具。播放儿歌、童谣，让幼儿学习不同物体所发生的声音。
可以选择语言发展玩具。例如，图案简单、具体的生活用品图卡或动作图卡，让幼儿练习指物命名或发音，增加词汇量。
可以选择阅读玩具。具有简单故事情节的绘本最能吸引幼儿去阅读。
可以选择涂写玩具。例如，重复使用的涂鸦板，带领幼儿享受涂鸦的乐趣。</td><td>成人应多和这一阶段的幼儿用语言沟通。当幼儿出现想要说，却说不清楚的情况时，成人不妨先试着帮助幼儿整理自己的意思再确认，帮助其学会如何“听”和“说”。
涂写类玩具可间接促进幼儿语言能力的发展。除了拿画笔作画外，手指画或盖印章，也很有趣。
绘本可以提升幼儿的想象力，熟练语句、词汇的运用，成人应多与幼儿共读绘本。</td></tr>
<tr><td colspan="2">社会交往能力</td><td>可以选择稳定情绪的玩具。例如，娃娃、动物造型布偶等能安抚、稳定某些幼儿的情绪。
可以选择社会扮演玩具，包括容易收拾、逼真的“过家家”类的玩具。</td><td>模仿及角色扮演对幼儿而言，并非只是游戏项目之一。与此同时，最重要的是学习简单的生活自理能力，发挥平时的观察力及联系生活经验等。
让幼儿养成“轮流等待”“分享”“合作”的观念，学习正确与人相处的模式。</td></tr>
</table>

拓展阅读

1.《婴幼儿及其照料者——尊重及回应式的保育和教育课程(第 8 版)》，商务印书馆 2016 年出版。该书第 12 章“物理环境”主要阐述了创设适合婴幼儿环境的过程中，可以从哪几个方面进行考虑，有哪些注意要点，教室和家庭的每个区域应当如何准备，以及从哪些角度评估婴幼儿所处的环境质量。该书第 13 章“社会环境”和第 14 章“婴幼儿保育和教育项目中的成人关系”讲述了婴幼儿在环境中如何与成人互动，有什么样的依恋关系，成人如何采取积极的态度和行为来指导婴幼儿。

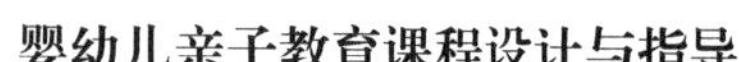

2.《爱和自由》,中国妇女出版社 2013 年出版。该书第九章“爱是土壤,爱是阳光,爱是儿童的一切”讲述了爱是婴幼儿人格、心智、道德等各方面发展的最重要的基础,成人需要了解如何让婴幼儿在成长过程中感受到爱。

【本章小结】

环境对婴幼儿的发展有重要影响。成人需要布置一个安全,有趣,能刺激婴幼儿学习,满足婴幼儿需求,又能规范婴幼儿行为的环境。

良好的学习环境能提供婴幼儿安全感,让婴幼儿在安全的物理环境和心理环境中,依照自己的发展速度主动学习、自由探索和高度参与。成人对婴幼儿学习环境的规划,深深影响婴幼儿的学习活动。照料婴幼儿的成人需要具备环境心理学的专业知识,具有环境美学素养和安全意识,具有公共安全法规的专门知识,能建立和维持一个安全而且富教育意义的学习环境,能教导婴幼儿形成安全意识和概念,鼓励婴幼儿遵循一般的安全规则。

游戏是婴幼儿与外部世界沟通的桥梁。游戏的过程不但可以帮助婴幼儿发现自我、探索问题,也能满足婴幼儿与生俱来的好奇心,让他们有机会表达自己对事物的看法及态度。由于每个阶段的心智发展不同,玩具对婴幼儿的适用及启发程度亦有所差异。因此,如何适龄、适性、适当地为婴幼儿准备各类玩具是一门相当重要的功课。

【复习与思考】

1. 如何为 12—24 个月的婴幼儿创设良好的环境? 12—24 个月的婴幼儿需要怎样的物理环境和心理环境?

2. 给 24—36 个月的婴幼儿选择怎样的玩具更适合他们发展?

3. 环境对婴幼儿的身心有着怎样的重要的影响?

4. 如何对婴幼儿做到高质量的陪伴?

5. 在给婴幼儿选择绘本时,要注意哪些方面?

第四章　机构中婴幼儿亲子活动的设计与指导

☞　**学习目标**

1. 能根据0—3岁婴幼儿的年龄特点和发展目标，设计、组织亲子活动。

2. 掌握亲子活动的设计策略。

3. 运用亲子活动的指导策略，提升家庭教养水平。

一、亲子活动的实施

针对0—3岁婴幼儿的亲子教育是幼儿教育的重要组成部分。现在，越来越多的家长和教育工作者认识到早期教育的重要性。0—3岁阶段不仅是婴幼儿智力发展的最佳时期，也是婴幼儿非智力因素如性格、品德等养成的关键时期。

（一）教师在亲子活动中的角色定位

亲子活动中，教师的角色定位十分重要。教师定位准确、合理的指导是亲子活动顺利开展的基础。

1. 指导者

在亲子活动中，教师的第一角色是活动的指导者，而非知识的直接传授者。教师要解放婴幼儿的手和脚，让他们在动手、动口、动脑的感知操作中主动探索、发现和创造，在不断试错的过程中寻求解决问题的方法。

如果教师自身的早教理念不科学，早教知识储备不足，再加上家长配合需求各异等客观因素，就会出现教师的主体指导意识虽强，但指导实践薄弱；在指导上偏重教育，忽视养育部分；理论与实践脱节等问题。因此，早教活动想要获得婴幼儿的青睐、家长的支持，教师需要有良好的理论功底和娴熟的操作指导技能，两者缺一不可。教师要牢牢掌握每个年龄段婴幼儿的身心发展特点、教养方法和一些基本的生理学、心理学知识，在实践中多积累、多磨炼自己，才能将理论知识与实践知识融会贯通，取得亲子活动的良好效果。

早教活动有一定的组织流程。在活动之前，教师要将教案中设计的活动环节，甚至是每个环节中的指导语背得滚瓜烂熟。在实际活动中，婴幼儿的表现、家长的行为与育儿困惑并

不是教案中一定能预设的。因此，教师要积累经验，当遇到偏离教案预设的问题时，不慌不忙地改变活动策略，以家长的需要为主，在科学理念的指引下尽量为家长解决困惑，并且巧妙地将已偏离的活动主题悄悄地拉回来。

【指导方法示例】

教师将某名曲中的一段旋律作为本次教授歌曲的旋律。结果，许多孩子在家中已经听到过这首歌，家长甚至和孩子一起唱起了歌，这和教师预设的完全不一样。这位教师面对这样的情况，不慌不忙，仔细倾听家长唱的歌词，临时将唱歌活动改成了打击乐活动，取得了较好的效果。在面对突如其来的问题时，教师要以家长、孩子的需要为主，适时调整活动，做到计划适应现场。

教师要兼顾家长和婴幼儿。有的教师善于实践操作，受孩子们的欢迎，却不善于理论性解释，让家长心存疑惑；有的教师能说会道，理论分析得头头是道，但操作指导方面是短板，活动中孩子的表现不尽如人意。教师要重新认识早教活动的目的，将侧重于指导婴幼儿的习惯性行为变为家长、婴幼儿两者兼顾，从而帮助家长明确自己的角色身份，使婴幼儿、家长、教师三者之间更好地互动，提高早教活动质量。

2. 示范者

婴幼儿的语言是在与环境的相互作用中，在与周围人的交流中，在认知发展的基础上发展起来的。婴幼儿的语言富有创造性，模仿、学习在其语言获得的过程中起着不可低估的作用。因此，教师要给予婴幼儿优质的语言示范。[①]

【指导方法示例】

首先，教师要根据婴幼儿不同年龄阶段的理解能力运用相应的句式结构。

其次，教师的发音要准确，语法结构要完整。很多成年人往往因为孩子年龄小，怕他们听不懂，就跟着孩子的语言习惯使用诸如“饭饭”“觉觉”之类的叠词。其实，这样的示范反而会阻碍婴幼儿的语言发展。仔细观察不难发现，婴幼儿在能够说出某些句子之前，已经能够理解这些句子的含义。如果我们对不满一岁的婴儿说“宝宝过来吃饭”“我们睡觉了”，他们是完全能够理解的。因此，教师要尽可能地给婴幼儿和家长完整的语言示范，让婴幼儿有良好的模仿学习环境。同时，教师也可以让家长了解到婴幼儿语言发展的一般规律，学会运用正确的语言与婴幼儿交往。

---

① 杨丽娟.演绎三重角色，点亮早教课堂——谈早教活动中教师的角色定位[J].考试周刊，2013(91)：192－193.

3. 合作者

教师要当家长的“知心人”。教师站在权威者的角度进行授课，往往会让学习者产生压抑感，影响学习效果。当教师以朋友的身份向家长提出建议时，家长往往会在心理上产生共鸣，乐意接受教师的观点。因此，在早教活动前，教师可以发放托育机构的宣传材料，通过“早教点滴”“请您配合”等栏目向家长提出一些科学合理的建议，也可以通过家访、交谈等形式与家长面对面交流，了解家长的育儿需求，当家长的“知心人”，让家长明白自己在早教活动中的重要地位，懂得自己在活动中不仅是学习者，更是早教活动的参与者，是婴幼儿学习过程的指导者。这样，在早教活动中，家长才会有意识地调整自己的角色身份，变被动的学习者为主动的参与者。

教师也要当婴幼儿的“开心果”。早教活动，特别是针对低年龄婴幼儿的活动往往以家长为主体，但婴幼儿的参与兴趣及活动情绪也会影响家长的心情，决定早教活动的效果。因此，教师要成为婴幼儿的“开心果”，运用有趣的活动内容、快乐的活动形式吸引婴幼儿的兴趣，让婴幼儿心情愉悦地参加活动。①

【指导方法示例】

“马儿马儿我来啦”活动中，教师设计了问好环节“小马嗒搭”。教师扮成一匹小马，和每个孩子问好，调动了孩子们参与活动的积极性。接下来是“蹬喳喳，马来啦”亲子韵律活动环节，孩子们坐在家长的腿上跟着音乐有节奏地颠颤，最后，家长的双腿变成滑梯，让孩子从上面滑下来。孩子们在这些具有趣味性的活动中，始终保持愉快的情绪。家长也感受到了早教活动的快乐，保证了活动的优质、高效。

早教活动中的教师是科学育儿理念的宣传者与落实者。教师的言传身教直接影响早教活动的质量。因此，教师要演绎好主导者、示范者和合作者的角色，让早教课堂更精彩，为婴幼儿的健康成长保驾护航。

（二）家长在亲子活动中的角色定位

亲子活动中教师对家长有目的、有计划的指导，可以帮助家长更新教育理念，学习、掌握科学的亲子互动方法，从而提升教养能力。家长和教师的教育观念以及教育行为对婴幼儿的成长有着重要影响。那么，家长在亲子活动中应该有怎样的定位呢？

1. 合作者

在早教活动中，家长和婴幼儿的互动环节很多。此时，家长的角色就应该转换成婴幼儿

① 杨丽娟.演绎三重角色，点亮早教课堂——谈早教活动中教师的角色定位[J].考试周刊，2013(91)：192－193.

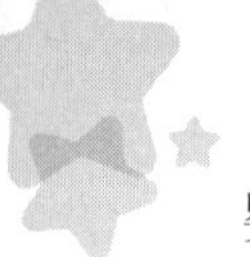

的同伴。只有这样，婴幼儿和家长一起游戏才会特别放松，全身心地投入，也能体会到成人对自己的爱。合作者的角色是在孩子成长过程中家长应该一直保持的。家长不要把自己的想法强加给婴幼儿，不要强迫他们做自己不喜欢做的事情；当孩子遇到了挫折，家长要主动倾听孩子的心声；当孩子选择困难时，家长可以帮孩子分析情况，从而让孩子自己做出最适合自己的选择。家长始终要学习做孩子贴心的朋友。

【指导方法示例】

有些家长因为平时就经常与孩子共同游戏，再加上教师的引导，他们能很快参与托育机构的亲子活动。但有些家长碍于面子，会对参与活动表现出不好意思，参与的积极性不高，甚至不愿意参与活动，让孩子自己玩自己的。这时，教师在活动中的示范行为对家长来说是一个很好的榜样。例如，玩“捉尾巴”的游戏时，教师向家长及幼儿介绍玩法后，便和他们一同玩了起来。开始，家长还有点拘束，后来看到教师和孩子们玩得特别高兴，便放开了，积极投入活动当中，还创新了几种玩法。

2. 观察者

在与婴幼儿一起参加早教活动时，作为家长，要善于观察婴幼儿的各种表现。例如，婴幼儿的注意力、理解力、执行力如何，肢体的协调性如何等等。早教活动不仅能促进婴幼儿的发展，也能帮助家长成长。

【指导方法示例】

比如，“给小动物喂食”亲子活动是让婴幼儿学习用食指把豆子按进可乐瓶侧的小洞里，训练婴幼儿的手眼协调能力，培养婴幼儿的专注力。家长配合孩子进行活动的过程中，大部分孩子都很专注，只有小宇到处乱跑。学会观察的小宇妈妈这样说：“小宇，看你的瓶娃娃肚子空空的，它肚子饿了！来，我们喂它吃豆子吧。看，请它的小嘴巴吃，啊呜！你请它的小嘴巴吃吧！”小宇从瓶口将豆子放了进去，摇一摇，瓶子发出了声音。小宇的脸上露出了笑容。在小宇体验成功的喜悦后，妈妈鼓励小宇继续向瓶子里投放豆子，小宇在妈妈的鼓励下专注地玩着按豆子的游戏。

3. 鼓励者

作为家长，要多肯定孩子积极的表现，不要以为孩子小，什么都不懂。实际上，他们可以通过观察家长的面部表情、说话的音调高低等感知家长情绪的变化。在亲子活动和日常生活中，家长要多多鼓励孩子，不要总拿自家孩子和别人家孩子比较。

【指导方法示例】

在亲子活动中，家长可以用竖大拇指、微笑、拥抱、抚摸、点头以及口头表扬等方式，肯定孩子的进步，让孩子在赞许中体验到进步的快乐。在开展亲子游戏时，家长应做到以下几点。

第一，养成良好的游戏习惯；遵守游戏规则；玩具物归原处；安排合理的游戏时间。

第二，要有耐心，不厌其烦，不随便敷衍孩子。

第三，鼓励孩子独立游戏及与小伙伴交往，培养孩子的独立游戏能力、游戏兴趣和交往能力。

早期教育是重要的，而科学的早期教育对于婴幼儿的健康成长尤其重要。婴幼儿行走在成长之路上，就像漂泊在大海，家长是航行的舵，教师是指路的灯塔。想要寻找到光明的方向，两者缺一不可。

二、不同月龄亲子活动的设计与指导

(一) 0—3 个月婴儿亲子活动的设计与指导

《上海市 0—3 岁婴幼儿教养方案》对提升 0—3 岁学前教育机构教养工作水平，指导家庭实施科学教养具有重要指导意义。其中“观察要点”部分有助于教师和家长了解婴幼儿的发展水平，是 0—3 岁学前教育机构课程设置的指南，也为家庭教养提供参考，能够更有效地促进婴幼儿身心和谐发展。

1. 主要发展指标

表 4-1 0—1 个月婴儿发展观察要点①

发育与健康	感知与运动	认知与语言	情感与社会性
● 身高约增加 2.5 厘米 ● 体重约增加 0.8—1 千克 ● 头围 33—38 厘米 ● 胸围比头围小 1—2 厘米 ● 皮肤饱满、红润 ● 眼有光感或眼前手动感，能看清 20—30 厘米左右的东西 ● 大便有的 2—3 次/天，有的每块尿布上均有，色淡黄 ● 一昼夜睡 18 个小时左右	● 有很强的吮吸、拱头和握拳的本能反应 ● 常常会很用力地踢脚和活动四肢 ● 俯卧时尝试着要抬起头来	● 无意识地对一两种味道有不同反应 ● 眼睛能注视红球，但持续的时间很短 ● 喜欢注视人脸 ● 有不同的哭声 ● 对说话声很敏感，尤其对高音敏感	● 当看见人的面部时活动减少 ● 哭吵时听到看护者的呼唤声能安静 ● 对他讲话或抱着时表现安静，当抱着时，会表现出独特的、有特征性的姿势（如紧紧蜷曲像一只小猫）

① 上海市教育委员会.上海市 0—3 岁婴幼儿教养方案[M].上海：上海教育出版社，2008：14-15.

表 4-2 2—3 个月婴儿发展观察要点①

发育与健康	感知与运动	认知与语言	情感与社会性
● 平均身高男孩为 63.11 厘米，女孩为 62.03 厘米 ● 平均体重男孩为 7.24 千克，女孩为 6.68 千克 ● 平均头围男孩为 41.21 厘米，女孩为 40.35 厘米 ● 平均胸围男孩为 41.89 厘米，女孩为 40.70 厘米 ● 大便次数较前明显减少 ● 眼能追随活动的物体 180° ● 奶量的差异开始明显，平均 700 毫升/天 ● 一昼夜睡 16—18 小时	● 新生儿时的生理反射开始消失 ● 听力较前灵敏 ● 直立位头较稳，能较自如地转动 ● 托起来坐时，头能和身体同时起来 ● 头可随看到的物品或听到的声音转动，幅度逐渐增大 ● 俯卧时抬头 45° ● 仰卧位能变为侧卧位 ● 能将两手碰在一起	● 眼睛能注意并追随移动较大的物体 ● 开始将声音和形象联系起来，试图找出声音的来源 ● 对成人逗引有反应，会发出“咕咕”声，而且会发 ɑ、o、e 音 ● 常喜欢咬书或拉扯图书，有时会安静地看图书	● 逗引时出现动嘴巴、伸舌头、微笑和摆动身体等情绪反应 ● 能忍受喂奶的短时间停顿 ● 看见最主要看护者的脸会笑 ● 自发微笑迎人，见人手足舞动表示高兴，笑出声 ● 哭的时间减少，哭声分化，用哭声表示不同的需求 ● 开始注视自己的手，并出现吮指现象 ● 能辨别不同人说话的声音及同一人带有不同情感的语调

2. 活动材料及活动内容

表 4-3 0—3 个月婴儿亲子活动材料及内容

模　块	活　动　材　料	活　动　内　容
大运动技能	响铃玩具	侧转练习
精细动作	悬吊玩具	抓握游戏
语言	婴幼儿绘本	和妈妈一起读绘本
认知	红色或者黑白颜色的玩具	视觉练习
社会情感	无	听听谁来了

3. 亲子活动指导

亲子活动指导分别从大运动技能、精细动作、语言、认知、社会情感五个方面展开，为 0—3 岁婴幼儿托育机构教师和家长提供具体、可操作的指导及建议。

(1) 大运动技能

① 抬头练习

婴儿俯卧，两臂屈肘于胸前。家长在婴儿头侧引逗婴儿抬头。开始训练时，每次 15—30 秒钟，以后可以根据婴儿的训练情况逐渐延长至 3 分钟左右。

婴儿抱坐在家长右臂上，面部朝前，头和背部贴在家长前胸。家长另一只手抱住婴儿的胸部，使婴儿面前呈现广阔的空间，能注视到更多事物，从而激发婴儿对外部世界的兴趣，促进婴儿主动练习颈部力量。

② 转侧练习

用婴儿感兴趣的有声玩具，在婴儿头部左右侧逗引婴儿，使婴儿的颈部随声音的方位进

① 上海市教育委员会.上海市 0—3 岁婴幼儿教养方案[M].上海：上海教育出版社，2008：16-17.

行转动。锻炼婴儿颈肌的灵活性和协调性，为侧翻身做准备。

③ 侧翻练习

满月后，可开始训练侧翻动作。先用一个有声玩具吸引婴儿颈部转动。然后，家长一手握住婴儿的一只手，另一只手将婴儿的两条腿叠放好，辅助婴儿向对侧侧翻，左右轮流进行侧翻练习，以帮助婴儿感觉体位的变化，学习侧翻动作。

(2) 精细动作

1 个月大时，婴儿自己的小手就是最好的玩具。2 个月时，成人可以为婴儿提供一些有触觉特性的玩具或书籍，提升婴儿的抓握能力。音乐是不可缺少的资源，3 个月时，可以给婴儿听音乐，或者提供有声玩具让婴儿多听多看，激发其抓握玩耍的兴趣。

家长可以握着婴儿的手，和他们一起去触碰、抓握眼前吊挂的玩具，吸引婴儿前去抓握，促进婴儿手眼的协调和视知觉的形成。

(3) 语言

利用婴儿睡醒的时间，让他们看看周围的环境，并告诉他们，周围他们注意到的东西或行为的名称。

家长要用亲切与温柔的声音与婴儿交流，引逗婴儿发出“哦哦”“嗯嗯”的声音。家长也可以模仿婴儿发出的声音，鼓励婴儿积极发音，对家长微笑。这些活动可以促进婴儿喜悦情绪的产生，激励婴儿与人交往。

(4) 认知

① 视觉练习

婴儿平躺在小床上，在其胸部上方 20—30 厘米处用红颜色或黑白对比鲜明的玩具吸引其注意，并训练其视线随物体运动轨迹进行不同方向的运动，来刺激视觉发展，促进眼球运动的灵活性及协调性。

② 听觉练习

妈妈的声音是婴儿最喜爱听的声音之一。面对面地和婴儿亲切、温柔地说话，可以吸引婴儿注意成人说话的声音、表情、口形等，诱发婴儿良好、积极的情绪和发音的欲望。成人也可以利用家中不同物体的敲击声，如钟表声、敲碗声等，或改变对婴儿说话的声调来训练婴儿分辨各种声音。

③ 触觉练习

家长可以利用手或各种形状、质地的物体对婴儿的敏感部位进行触觉训练，让婴儿产生不同的触觉，发展婴儿的触觉识别能力。

④ 感知觉练习

在日常生活中，可以充分利用各种不同的物体来发展婴儿的各种感觉。例如，吃水果时

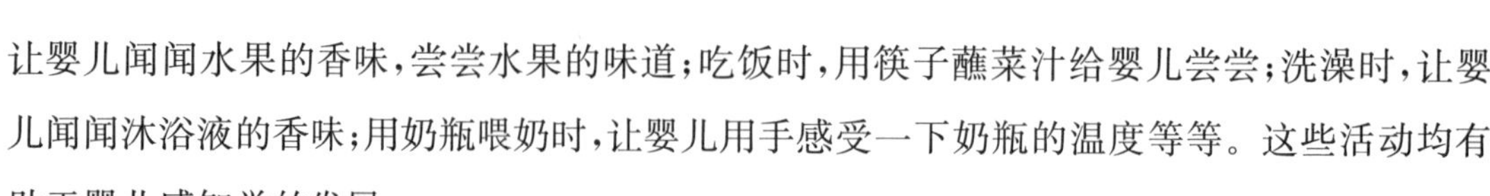

让婴儿闻闻水果的香味，尝尝水果的味道；吃饭时，用筷子蘸菜汁给婴儿尝尝；洗澡时，让婴儿闻闻沐浴液的香味；用奶瓶喂奶时，让婴儿用手感受一下奶瓶的温度等等。这些活动均有助于婴儿感知觉的发展。

（5）社会情感

促进社会交往能力的形成和发展，是0—3个月阶段的首要任务。婴儿逐渐形成的各种生理需求和认识要求，是婴儿不同情绪产生的主要条件，也是婴儿学会与人交往的基础。可以借助以下方法。判断0—3个月婴儿的不同需求。

哭声是0—3个月婴儿表示各种需求的主要手段，成人应正确辨别其哭声，并作出相应的应答。

如果婴儿闭着眼睛，嘴左右吮吸手指，双脚紧蹬，哭声不停，说明饥饿或口渴，要立即给婴儿喂奶或喂水。若是持续不断哭闹流泪，可能是尿布湿了或身体不舒服，成人可为其宽一宽衣带，更换尿布。若是因为生病或身体不适啼哭，可抱一抱，轻轻拍一拍。

若哭而无泪或注视着成人，脸上仅有哭的表情，则是想让成人抱。成人可抱抱他们，可以和他们说说话，也可以坐在婴儿床边逗逗他们，或在床头挂些色彩鲜艳的玩具，让孩子自己玩玩。

4. 亲子活动案例

【活动名称】抚触游戏

【适宜年龄段】0—3个月

【活动说明】

一般情况下，0—3个月的婴儿睡眠时间还是比较长的。每天白天可以保证5个小时到8个小时的睡眠时间。因此，开展更多的抚触游戏有助于促进0—3个月婴儿发育成长。

【活动目标】

（1）增进婴儿和成人之间的交流。

（2）增加肌肉活动，增强体质，提高免疫力。

【活动流程】

（1）成人做到双手温暖、润滑。

（2）播放舒缓的轻音乐，开始抚触。

面部：

① 从眉心上沿处用双手指腹沿眉弓向外推至太阳穴，依次向上至发际。（缓和面部表情）

② 双手拇指指腹自唇下正中划至耳前。双手拇指指腹自下颌正中向外上滑动至耳根，划出微笑状。

③ 先用左手轻托婴儿的头固定好，右手从婴儿的前额发际线正中向后轻轻抚摸至第七颈椎处（避开囟门）；从前额右鬓角处向后轻轻按摩至后发际，沿右耳郭轻轻按摩；对侧同法（促进大脑发育，提高智力）。

胸部：

双手放在婴儿肋骨下缘两侧，右手上提，用手指向上滑向对侧肩，并避开婴儿乳头，复原。左手以同样手法操作对侧（增强心肺功能）。

腹部：

双手手指交替沿结肠方向由婴儿右下腹—上腹部—左下腹作顺时针滑动（促进食物的消化吸收）。

上肢：

先用一只手托住婴儿的小手，然后用另一只手（虎口向下）自肩部向手腕处轻轻挤捏，两手交替。再由上臂轻轻至手腕，两手交替。同法抚触对侧上肢（促进骨骼的发育，提升手指的灵活度，触觉的敏感性）。

手部：

① 手掌：用双手拇指指腹交替自婴儿的手掌根部向上抚摸至指根部。

② 手背：拇指放于掌心，双手手指自手背由下向上抚触。

③ 手指：用拇指、食指和中指从婴儿的每个手指根部开始，轻轻抚触至指尖。

下肢：

一只手托住小脚，另一只手从婴儿的髋部至踝部轻轻挤捏，两手交替，再由踝部至髋部，两手交替。同样手法抚触对侧下肢（促进骨骼的发育，增加触觉的敏感性）。

脚部：

① 脚心：双手拇指指腹自脚跟部交替轻轻抚触至脚趾根部。

② 脚背：四指从婴儿的大脚趾和中趾开始，轻轻揉捏至婴儿的每个脚趾。

翻身：

双手自双腋下抱紧婴儿，缓慢将其转动成俯卧位。放下时，先放脚，之后放下胸，最后放下头，头偏向一侧。

背部：

双手手指并拢，放在婴儿肩部，以脊椎为中线，双手向下划行至骶骨。用手掌的大鱼际轻柔小屁股（放松背部的肌肉）。

(3) 抚触结束后，把婴儿平放至仰卧位。

(4) 穿衣，整理物品。

【教学建议】

(1) 成人进行抚触游戏时,要始终保持微笑,与婴儿进行眼神以及语言上的交流。

(2) 抚触每个身体部位时,可以告诉婴儿该身体部位的名称,例如:“我给宝宝按摩小脚,舒服吗?”

(二) 4—6个月婴儿亲子活动的设计与指导

1. 主要发展指标

表4-4 4—6个月婴儿发展观察要点①

发育与健康	感知与运动	认知与语言	情感与社会性
● 平均身高男孩为69.87厘米,女孩为68.23厘米 ● 平均体重男孩为8.91千克,女孩为8.17千克 ● 平均头围男孩为44.32厘米,女孩为43.12厘米 ● 平均胸围男孩为44.32厘米,女孩为43.12厘米 ● 能固定视物,看清约75厘米远的物体 ● 慢慢习惯用小勺喂吃的辅食 ● 大便1—3次/天 ● 个别孩子开始长出乳牙 ● 血色素≥11克	● 靠坐稳,独坐时身体稍前倾 ● 俯卧抬头90°,能抬胸,双臂支撑,学习翻身 ● 扶腋下能站直,扶其站起时,能在短时间内自己支撑 ● 双脚会有意识地蹬踢 ● 双手能拿起面前玩具,能把玩具放入口中 ● 能主动抓住玩具,开始将玩具从一只手换到另一只手,但仍显笨拙 ● 双手能自己扶奶瓶吮吸 ● 喜欢把东西往嘴里塞 ● 会扯纸	● 看见熟悉的人与陌生的人有不同的反应 ● 会用目光找寻物品,如手中玩具掉了,会用目光找寻 ● 咿呀作语,开始发辅音,如d、n、m ● 看见熟人、玩具能发出愉悦的声音 ● 呼他名字会转头看 ● 开始注意看图书,常抓起书试着放进嘴里	● 会对着镜子中的像微笑、发音,会伸手试拍自己的镜像 ● 随着看护者情绪的变化而变化自己的情绪 ● 看到看护者时,会伸手举起,期望被抱,能辨别陌生人,对熟悉的人有偏爱 ● 开始怕羞,会害羞转开脸和身体 ● 高兴时大笑 ● 当让其独处或别人拿走他的小玩具时会表示反对 ● 会用哭声、面部表情和姿势动作与人沟通

2. 活动材料及活动内容

表4-5 4—6个月婴儿亲子活动材料及内容

模块	活动材料	活动内容
大运动技能	晾衣服的夹盘,彩色小气球	踢气球
精细动作	白纸	撕纸
语言	各种可以发出声响的玩具、地垫	好听的声音
认知	彩色纱巾	妈妈在哪里
社会情感	地垫	抓小鱼

3. 亲子活动指导

(1) 大运动技能

婴儿5个月左右会翻身,6—7个月学会独立坐着。

4—6个月的婴儿能够手眼协调抓住并摆弄静止的物品;能有意识地进行大臂摇动、手掌拍打、手掌推动、手掌按压、手指拨动等动作。成人可以提供给婴儿易于抓握、发声、发光的玩具,色彩鲜亮、对比强烈的图书或卡片。

① 上海市教育委员会.上海市0—3岁婴幼儿教养方案[M].上海:上海教育出版社,2008:18-19.

（2）精细动作

4 个月时，提供婴儿感兴趣的小玩具，反复游戏，引导婴儿触摸、摆弄玩具。

5 个月时，在婴儿面前悬挂一些颜色鲜艳的玩具，让其抓握。最初，玩具可以放在其一伸手就能抓到的地方，而后逐步向远处移动。注意，训练时间不宜过长。

6 个月时，注意锻炼手眼协调能力，发展手部精细动作，让婴儿学会传递玩具和食物，以及撕纸张等。游戏使用的玩具从大到小，游戏空间从近到远，反复练习。

（3）语言

5 个月以后，婴儿进入牙牙学语阶段，常常会连续重复同一音节，如 ba-ba-ba-ba、da-da-da-da 等。但是，这些音节还不具有社会意义。在一日生活中，成人可以多用优美的音乐、鲜艳的图画刺激婴儿，引导婴儿辨识身边的人、事、物。

（4）认知

① 视觉练习

用有声玩具训练婴儿根据声音转头追寻物体。每日练习 2—3 次，每次 3—5 分钟，以拓宽婴儿的视觉广度。

为婴儿提供各种颜色的图画、玩具及物品，并告诉他们物体的名称和颜色，对其进行颜色感知练习。

0—6 个月是婴儿视力迅速发展的时期。可选择一些大小不一的玩具，从大到小排列，让婴儿用手抓握、注视，还可以训练婴儿注视远近距离不等的物体，以促进视力发展。

② 听觉练习

在婴儿前后左右不同方位、不同距离制造声源，以提升婴儿判断方位的能力。

运用不同情景、不同语调和表情，与婴儿进行交流，让婴儿能够感受语言中不同的感情色彩，逐渐提高其对语言的辨别能力。

让婴儿从周围环境中直接接触各种声音，提高婴儿对不同音调、响度、音色的声音的识别能力。

（5）社会情感

4—6 个月的婴儿处于“游戏伙伴阶段”。婴儿对镜中的自我映像很感兴趣，但认不出是自己。5 个月的婴儿能分辨各种表情，但不能明确地区分这些表情所表达的真实情绪。

4. 亲子活动案例

（1）感知与运动

【活动名称】踢气球

【适宜年龄段】4—6 个月

【活动说明】

4—6个月龄的婴儿喜欢躺着很用力地踢脚和活动四肢。游戏“踢气球”可以帮助婴儿在亲子互动的过程中，锻炼腿部力量和灵活性以及视觉追踪能力。

【活动目标】能用小脚踢到气球。

【材料准备】晾衣服的盘夹、若干彩色的小气球。

【活动流程】

(1) 教师出示游戏材料，介绍游戏玩法及活动的目标。

(2) 教师示范游戏。

孩子平躺，成人手拿盘夹，高度以孩子躺着、抬脚就能蹬到球为宜。成人一边轻轻上下晃动盘夹，吸引孩子注意，一边说：“宝宝快来踢气球。”

(3) 亲子游戏。

【教学建议】

(1) 游戏开始时，可以用气球去碰孩子的脚，引导其用脚踢球。

(2) 游戏过程中，关注孩子是否追视气球，观察其腿部是否有力量，是否愿意参与游戏。

(3) 气球不用吹得太足，也可以用响铃等其他玩具替代气球进行游戏。

【家长配合】

(1) 家长可以一边说“宝宝快来踢气球”，一边握着孩子的一只小脚，帮助孩子用脚踢气球，感知游戏的乐趣。

(2) 当孩子有意识地踢气球但踢不到时，家长应该给予语言上的鼓励：“加油！”同时将气球再次靠近孩子，以便孩子踢到气球。

(3) 婴儿踢到气球时，家长可以亲亲他们，给他们鼓掌：“宝宝好棒！小脚踢到气球了。”

【补充说明】

家长在家中可以将有响声的玩具或者气球挂在摇床上，引导孩子用脚踢玩具或者气球，锻炼孩子的腿部力量。

(2) 认知与语言

【活动名称】好听的声音

【适宜年龄段】4—6个月

【活动说明】

婴儿依靠听觉，不仅能够辨认周围环境的多种声音，而且能够学习人类的语言。婴儿的听力始于胎儿期，婴儿期是儿童语言发展最迅速的时期。因此，训练听觉有着重要的意义。

【活动目标】寻找不同方位、不同距离的声源。

【材料准备】各种可以发出响声的玩具，地垫。

【活动流程】

(1) 教师出示游戏材料、介绍游戏玩法及活动的目标。

将婴儿放置于地垫上，说："我们一起玩游戏啦，快来听听声音在哪里！"取出一个可发声的玩具，轻轻在距离婴儿 30 厘米的位置摇晃，直到婴儿找到声音后，再换位置让婴儿找下一个声音。

(2) 亲子游戏：教师请家长按照示范要求和孩子共同游戏。

(3) 教师引导："接下来，将有声玩具放置于离孩子 40 厘米或者更远一些的地方，请孩子自己来找声音。"

【教学建议】

(1) 教师进行第一次示范前需要提示家长所选择的有声玩具一定不要声音太大。

(2) 游戏时，注意提示动作要轻柔。

(3) 游戏结束后，提示家长给予孩子爱的鼓励以及微笑。

【家长配合】

(1) 游戏前，家长与孩子一定要进行情感上的交流，如微笑，触摸身体。

(2) 游戏过程中，如果孩子熟悉了一种声音，可以更换其他的有声玩具让其寻找声音。

(3) 更换声音位置时，动作一定要轻要慢，最好让孩子能够跟着一起转动眼睛。

【补充说明】

可以让孩子熟悉的不同的家人参加游戏，将有声玩具换成亲人的声音，观察孩子的反应，锻炼其听觉。

(3) 情感与社会性

【活动名称】抓小鱼

【适宜年龄段】4—6 个月

【活动说明】

培养婴儿的情感与社会性时，应注重使用多种不同交流方式，创造机会让婴儿与更多的人接触，让他们可以经常表达愉快的情绪，表达对周围人的情感。

【活动目标】促进婴儿良好情绪的形成；增进亲子关系。

【材料准备】地垫。

【活动流程】

(1) 教师演示游戏方法。

将婴儿轻轻地放置于地垫上，眼睛直视婴儿。家长手掌不停地开合，扮演大鱼，慢慢向婴儿的小手游，边游边说："大鱼大鱼张大嘴，小鱼小鱼要吃掉。"说完，轻轻地握住婴儿的小手。接着，家长假装打哈欠说："大鱼大鱼打哈欠，小鱼小鱼快跑掉。"说完，松开婴儿的小手。

（2）亲子游戏。

【教学建议】

（1）游戏开始前，可以进行一些亲子抚触热身。

（2）依据孩子的兴趣，游戏可以反复进行。当孩子在游戏中体验到快乐而微笑时，教师可以提示家长增加与孩子的肢体接触和语言的交流。如抱一抱、碰一碰等，享受游戏的快乐。

【家长配合】

（1）家长在与孩子进行抚触时，应该由上至下进行，边抚触边说出相应身体部位的名称。如，"摸摸宝宝的头""捏捏宝宝的小耳朵"……

（2）游戏时，家长多与孩子进行眼神上的交流，增强孩子的安全感。

【补充说明】

多带孩子与他人接触、交流，扩大孩子的交往范围，让更多的亲人抱一抱孩子，和孩子一起做游戏。

（三）7—9个月婴儿亲子活动的设计与指导

1. 主要发展指标

表4-6　7—9个月婴儿发展观察要点①

发育与健康	感知与运动	认知与语言	情感与社会性
● 平均身高男孩为72.85厘米，女孩为71.20厘米 ● 平均体重男孩为9.52千克，女孩为8.90千克 ● 平均头围男孩为45.43厘米，女孩为44.38厘米 ● 平均胸围男孩为45.52厘米，女孩为44.56厘米 ● 能清楚地看到物体 ● 需大小便时会有表情或反应 ● 能自己拿着饼干咀嚼吞咽 ● 会吃稀粥 ● 大部分孩子长出乳牙 ● 流相当多的唾液 ● 大多数婴儿开始后半夜不喂奶，能整个晚上睡觉 ● 一昼夜睡15小时左右	● 独坐自如 ● 扶腋下能站，站立时腰、髋、膝关节能伸直 ● 会趴着，手脚并用地爬 ● 能用拇指和食指捡起小物体 ● 能拨弄桌上的小东西（大米花、葡萄干等） ● 会将物品从一只手换到另一只手 ● 有意识地摇东西（如拨浪鼓、小铃等），双手拿两物对敲	● 会用很长的时间来审视物体 ● 注意观察大人行动，喜欢模仿大人动作 ● 会寻找隐藏起来的东西，如拿掉玩具上的盖布 ● 能分辨地点 ● 尝试做出一系列的有计划的行为完成一件事，如从椅子上起来，爬向玩具，挑出彩球 ● 能反复发出ma-ma、ba-ba等元音和辅音，但无所指 ● 试着模仿声音，发音越来越像真正的语言 ● 会试着翻书，喜欢以前听过的故事	● 懂得成人面部表情，对成人说"不"有反应，受责骂不高兴时会哭 ● 表现出喜爱家庭成员，对熟悉、喜欢的成人伸出手臂要求抱 ● 喜欢玩躲猫猫一类的交际游戏，而且会笑得非常激动、投入 ● 喜欢和看护者玩重复的游戏，如拍手、再见、躲猫猫等游戏，交流情感 ● 当从他处拿走东西时，会遭到强烈的反抗 ● 见陌生人会表现出各种行动，如盯看、躲避、哭等

---

① 上海市教育委员会.上海市0—3岁婴幼儿教养方案[M].上海：上海教育出版社，2008：20-21.

2. 活动材料及活动内容

表 4－7　7—9 个月婴儿亲子活动材料及内容

模　块	活　动　材　料	活　动　内　容
大运动技能	爬行垫	主被动操
精细动作	鼓、球	拍鼓、捏球
语言	响声书	亲子阅读
认知	毛绒小玩具、手摇铃	藏找玩具
社会情感	音乐	洋娃娃跳舞

3. 亲子活动指导

(1) 大运动技能

7—9 个月的孩子处于婴儿中期。这个时期，婴儿的头部能自由转动，能独立翻身，能进行短时间独坐，双下肢能有意识蹬踢，成人扶腋下能站，逐步形成初步的自主活动能力。婴幼儿主被动操是指在成人的适当扶持下，加入婴幼儿的部分主动动作完成的活动。[①] 这一月龄的婴儿进行主被动操的练习，有助于活动全身的肌肉关节，增强四肢的力量，促进动作协调发展，锻炼腹肌腰肌及脊柱的桥形运动，为日后爬行、站立和行走打下基础；也有助于家长与孩子在亲子互动过程中增进感情。

【活动名称】被动操[②]

【活动过程】

(1) 第一节：起坐运动

预备姿势：婴儿仰卧，成人双手握住其手腕，拇指放在其掌心里，让婴儿握拳，两臂放在躯体的两侧。

将婴儿双臂拉向胸前，两手距与肩同宽。

拉引婴儿时，成人不要过于用力。

让婴儿自己用力坐起来。

(2) 第二节：起立运动

预备姿势：婴儿俯卧，成人双手握住婴儿肘部。

握婴儿肘部，让其先跪再站立。

扶婴儿站起来，然后由跪再俯卧。

① 唐敏，李国强.0—3 岁婴幼儿动作发展与教育[M].上海：复旦大学出版社，2016：37.

② 同上：37－39.

(3) 第三节：提腿运动

预备姿势：婴儿俯卧，成人双手握住婴儿的两条小腿。

两腿向上抬起，随月龄增大，可让婴儿两手支撑抬起头部。重复两个八拍。

(4) 第四节：弯腰运动

预备姿势：婴儿同成人方向一致直立，成人左手扶住婴儿双膝，右手扶住婴儿腹部，在婴儿前方放一个玩具。

使婴幼儿弯腰前倾。

引导婴儿捡起桌(床)上的玩具。

婴儿捡起玩具后呈直立状态。

成人放回玩具。

重复两个八拍。

(5) 第五节：托腰运动

预备姿势：婴儿仰卧，成人左手托住婴儿腰部，右手按住婴儿踝部。

托起婴儿腰部，使婴儿腹部挺起，呈桥形。注意，托起时头不离桌(床)面，并使婴儿自己用力。

(6) 第六节：游泳运动

预备姿势：婴儿仰卧，成人双手托住婴儿胸腹部。

悬空向前向后摆动，活动婴儿四肢，做游泳动作。

重复两个八拍。

(7) 第七节：跳跃运动

预备姿势：婴儿站在成人对面，成人用双手扶住婴儿腋下。

托起婴儿，使其离开桌(床)面(让婴儿足尖着地)轻轻跳跃。

重复两个八拍。

(8) 第八节：扶走运动

预备姿势：婴儿站立，成人站在婴儿背后或前面，扶婴儿腋下、前臂或手腕。

扶婴儿学走。

【注意事项】

(1) 做操前，成人洗干净双手，摘除手上的饰品，以防伤到婴儿。

(2) 室温控制在25℃左右，可在软硬适度、干净的床上或地垫上做操；做操时间避开饭前或饭后；避免身体疲劳或身体不适。

(3) 正式做操前，成人可以轻轻按摩婴儿全身，并与婴儿互动，如微笑、轻轻说话、亲吻等，使婴儿身体放松、情绪愉悦。

(4) 做操时，成人动作轻柔有节奏，以免造成关节受损。过程中可播放轻柔的音乐，或小声地数节奏、哼唱儿歌等，激发婴儿的兴趣，同时保证动作的节奏感。

(5) 做操过程中，如婴儿有情绪或者动作不配合，成人应顺势引导或暂停活动。

(6) 每天可做 1—2 次。做操前，成人给婴儿穿着便于运动的服装(少穿些衣服)。由于婴幼儿的动作发展个体差异性较大，成人要循序渐进地进行练习。

(2) 精细动作

7—9 个月的婴儿手部灵活性增强，开始习得各种抓握姿势。成人应为婴儿创设练习精细动作的机会，可选择一些锻炼拿、放、敲、捏等腕部力量的活动，从五指抓握过渡到用(大拇指、食指、中指)三指捏。

婴幼儿需要成人的陪伴。家长应经常和孩子一起玩，示范并鼓励孩子模仿，如，一起玩玩拨浪鼓、敲小鼓、摇手摇铃、用积木互相敲击、捏取较小的物件等，在日常的生活、游戏中发展孩子的手指精细动作及手眼协调能力。

(3) 语言

7—9 个月的婴儿进入学话萌芽期，开始真正的发音阶段，时常牙牙学语，出现成人难以听懂的"小儿语"、单音节重复等。7—9 个月是婴儿最善于模仿的时期，成人应创设良好的语言环境，引导婴儿指认生活中常见的物品、认识亲人、了解身体等。成人也可以利用响声书进行亲子互动，增强婴儿发音的欲望，提高婴儿发音的能力。

(4) 认知

视觉方面，7 个月的婴儿可以从躺着发展到坐着，视觉范围自然扩大。婴儿听到声音后，会转过头，用视觉寻找声音来源；开始能辨别色彩、距离、体积等。成人可以给婴儿看色彩鲜艳的图片、图书，到户外去，刺激婴儿的视觉感官。

听觉方面，7 个月的婴儿听觉敏感性增强，能快速地追踪声音来源。成人可以在日常生活中多给婴儿哼唱儿歌、童谣或播放悦耳的音乐。生活中，成人可以用语言引导婴儿协助穿衣，学会配合成人指令，提高对成人语言的理解能力。

触觉方面，婴儿进入"手口并用"的时期，喜欢抓东西往嘴巴里放，喜欢用牙齿啃咬物品，利用口腔触觉探索世界。成人可以逐渐提供各类适宜的食物，让婴儿初步适应咀嚼、吞咽固体食品，满足这一时期婴儿的需求。

知觉方面，随着大运动技能的发展，探索空间的增大，探索欲望和能力也逐渐增强，婴儿开始有客体永久性的概念。"客体永久性"是指，当一个物体从视野中消失后，婴幼儿并不认

为物体不存在了，而是相信它仍然在某个地方。① 这一时期，成人可以丰富环境，增强其探索欲望，帮助婴儿通过玩具的藏找、亲子躲猫猫等游戏，形成客体永久性概念，同时锻炼观察能力、推理能力等。

（5）社会情感

7—9 个月的婴儿开始寻求成人的拥抱，形成强烈的情感需求。成人抱着婴儿跟随音乐跳舞可以满足婴儿的情感需求，提升婴儿的愉悦情绪，为婴儿后续的社会情感发展做好充足的准备。

4. 亲子活动案例

（1）感知与运动

【活动名称】坐摇摇

【适宜年龄段】7—9 个月

【活动说明】

7—9 个月时，是培养婴儿独坐能力的关键期。“坐摇摇”游戏让婴儿在大龙球上坐一坐、趴一趴，锻炼其独坐能力与平衡能力，为后续的站、爬动作发展奠定基础。

【活动目标】锻炼婴儿的独坐能力，体验坐在大龙球上的乐趣。

【材料准备】大龙球、仿真娃娃。

【活动流程】

（1）导入“滚动大龙球”

教师：“大龙球来了，大龙球来了，大龙球和宝宝玩游戏啦！”（教师也可以哼唱）

家长抱着孩子追逐滚动的大龙球，吸引孩子的注意力，熟悉游戏材料。

（2）教师示范游戏

教师出示仿真娃娃，边念儿歌边示范，引导孩子坐在大龙球上游戏。

“小宝宝，坐摇摇。”（双手扶住孩子的髋部，左右摇晃）

“摇啊摇，摇来摇去摇不倒。”（动作同上）

“小宝宝，坐摇摇。”（动作同上）

“摇啊摇，摇得宝宝哈哈笑。”（动作同上，念到最后一个字时抱起孩子亲亲）

亲子游戏 2—3 遍（孩子也可以趴在大龙球上游戏）。

【教学建议】

（1）游戏前，教师介绍游戏价值，家长了解活动设计的目标。

① 左志宏.0—3 岁婴幼儿认知发展与教育[M].上海：华东师范大学出版社，2020：78.

(2) 游戏开始后,在教室中滚动大龙球,激发孩子的活动兴趣。

(3) 亲子游戏的过程中,教师要关注家长的动作是否准确,同时提醒家长在活动中注意孩子的安全。

【家长配合】

(1) 家长抱着孩子追逐大龙球时,可以用语言吸引其关注,例如:“宝宝看,大龙球来了。”

(2) 活动时,家长和教师一边有节奏地念诵儿歌,一边做动作。

(3) 家长尽量让孩子感知,先练习坐大龙球,让孩子尝试自己控制身体平衡,再过渡到游戏活动,左右轻轻摇晃。

(4) 游戏中,家长保持和孩子对视或逗引孩子,给予孩子安全感,同时关注游戏中孩子的情绪。如果孩子有情绪波动或不配合的行为,可顺势引导或暂停活动。

【补充说明】

在家中,可让孩子坐在家长膝盖上,家长双手扶住孩子的腋下,边念儿歌《坐摇摇》,边上下抖动双腿,锻炼孩子的独坐能力和前庭平衡能力。

(2) 认知与语言

【活动名称】玩具躲猫猫

【适宜年龄段】7—9 个月

【活动说明】

7—9 个月的婴儿开始出现客体永久性的概念。如果物体在视线内消失,出现客体永久性概念的婴儿仍会在物体消失的地方搜索。亲子游戏“玩具躲猫猫”引导婴儿寻找隐藏起来的玩具,通过游戏提高记忆力和对空间关系的感知能力。

【活动目标】知道拿掉玩具上的盖布寻找玩具。

【材料准备】两块大手帕、三个孩子熟悉的玩具或者生活物品。

【活动流程】

(1) 教师示范讲解游戏。

出示不同的玩具,激发孩子的游戏兴趣。

教师:“宝宝看,有好多好玩的玩具:小汽车、毛绒玩具、发声玩具……”(教师一边介绍玩具,一边把玩玩具)

教师出示大手帕:“大手帕,真有趣!快和玩具躲猫猫,手帕一遮盖,玩具不见了,宝宝快快找一找。”(一边念儿歌,一边用手帕遮盖一个玩具)

请个别孩子上来拿掉盖布。

(2) 亲子游戏。

婴儿熟悉摆弄玩具。

家长一边念儿歌一边用大手帕遮盖玩具,逗引孩子,例如:"快把小兔找出来。"

可根据孩子的兴趣玩2—3遍游戏。

【教学建议】

(1) 游戏前,教师介绍游戏设计目的。

(2) 游戏中,教师的语言夸张、生动,吸引孩子尝试拿掉盖布:"宝宝,玩具在哪儿呢?"

【家长配合】

(1) 孩子找到玩具,家长要给予语言上的鼓励:"宝宝找到了,真棒!"

(2) 游戏中,要尽量给孩子找的时间。如孩子有困难,可以让玩具发出声响,吸引孩子的注意,或者让玩具从布中露出一角。

【补充说明】

建议在家玩"躲猫猫"的游戏。

(3) 情感与社会性

【活动名称】擦香香

【适宜年龄段】7—9个月

【活动说明】

7—9个月的婴儿喜爱家庭成员,喜欢和熟悉的成人玩重复的游戏,交流情感。亲子游戏"擦香香"能够帮助7—9个月的婴儿认识自己的身体,促进自我意识的形成和人际交往能力的发展。

【活动目标】在韵律节奏游戏中体验亲子互动的快乐。

【材料准备】轻柔音乐。

【活动流程】

(1) 认识身体部位。

教师出示仿真娃娃,坐在家长与孩子前面,提问:"宝宝的鼻子呢?"

教师用手指轻轻点娃娃的小鼻子说:"宝宝的鼻子在这儿呢!"(鼓励在座的孩子自己指一指)

"妈妈的鼻子呢?"妈妈拿起孩子的小手摸摸自己的鼻子说:"妈妈的鼻子在这儿呢!"

(2) 示范"擦香香"游戏玩法。

孩子在家长前面面朝上平躺。

教师边念儿歌,边示范动作。

“食指伸出来，蘸点小面霜。”(伸出食指，在身体不同部位点一点)

“点点小额头、小脸蛋、小下巴、小鼻子。”(食指分别点这些部位)

“轻轻擦一擦。”(用手掌在脸上轻揉)

“脸蛋变香香。”(凑近孩子小脸闻一闻)

亲子游戏 2—3 遍。

【教学建议】

(1) 游戏前，教师介绍游戏设计说明，活动目标。

(2) 第一遍游戏，教师示范动作的时候，要慢一些，关注亲子互动时家长的动作，提示家长动作要轻柔并适时进行指导。

(3) 教师可以在最后问：“闻一闻，香不香?”增加互动。教师询问家长，家长说“香”增添活动欢乐的氛围。

【家长配合】

(1) 认识身体部位时，家长可以发出“呜呜呜”的声音，增加趣味性。

(2) 家长边有节奏地念儿歌，边做相应的动作。

(3) 游戏中，要关注孩子的情绪，保持与孩子的对视、微笑，如孩子不配合，家长可暂停活动。

【补充说明】

建议家长和孩子多进行亲子互动游戏，增强亲子感情。家长可以在日常用简单的词语和指令刺激孩子用表情、动作、语音等做出相应的动作(如指认五官等)。

(四) 10—12 个月婴儿亲子活动的设计与指导

1. 主要发展指标

表 4-8　10—12 个月婴儿发展观察要点①

发育与健康	感知与运动	认知与语言	情感与社会性
● 平均身高男孩为 78.30 厘米，女孩为 76.90 厘米 ● 平均体重男孩为 10.55 千克，女孩为 9.99 千克 ● 平均头围男孩为 46.89 厘米，女孩为 45.80 厘米 ● 平均胸围男孩为 46.65 厘米，女孩为 45.85 厘米 ● 血色素≥11 克 ● 有规律地在固定时间大便，1—2 次/天	● 会用四肢爬行，且腹部不贴地面 ● 自己扶栏杆站起来，自己会坐下 ● 自己扶物能蹲下取物，不会复位 ● 独自站稳，自己扶物可迈步 ● 独走几步即扑向大人怀里 ● 手指协调能力更好，	● 会用手指向自己感兴趣的东西 ● 故意把东西扔掉再捡起，把球滚向别人 ● 手眼逐渐协调，会将大圆圈套在木棍上，从杯子中取物放物 ● 感知分辨能力进一步提高，如区分动物和车、把红色的物体归为一类 ● 喜欢凝视图画 ● 能懂得一些词语的意义，如问：“灯在哪儿呢?”会看灯；向其索要东西知道给	● 发声时，会模仿他人的手势，面部伴有表情 ● 喜欢重复的游戏，例如玩拍手游戏、躲猫猫 ● 显示出一定的独立性，如不喜欢大人搀扶和被抱着 ● 更喜欢情感交流活动，还懂得采取不同的方式 ● 能玩简单的游戏，惊讶时发笑

① 上海市教育委员会.上海市 0—3 岁婴幼儿教养方案[M].上海：上海教育出版社，2008：22-24.

续 表

发育与健康	感知与运动	认知与语言	情感与社会性
● 一般长出 5—6 颗乳牙 ● 流涎的现象减少 ● 一昼夜睡 14 小时左右	如打开包糖的纸 ● 能用手抓笔，点点涂涂 ● 对发出声响的玩具感兴趣	● 能按要求指向自己的耳朵、眼睛和鼻子 ● 能说出最常用词汇，如“爸爸”“妈妈” ● 出现难懂的话，自创一些词语来指称事物 ● 用动作表示同意或不同意(点头、摇头) ● 尝试使用工具解决问题，如用一根棍子拨回物体	● 准确地表现出高兴、生气和难过 ● 以哭引人注意 ● 对主要照料者表现出明显的喜爱，开始听从看护者的劝阻 ● 对同龄人表现出极大的兴趣，会互相凝视或彼此触摸

2. 活动材料及活动内容

表 4－9　10—12 个月婴儿亲子活动材料及内容

模　块	活　动　材　料	活　动　内　容
大运动技能	爬行垫	手膝爬行
精细动作	套圈、豆子、塑料瓶、糖纸、纸板书、彩笔	套圈圈、捏豆子、打开瓶盖、剥糖纸、涂鸦、翻阅图书
语言	家庭相册	翻阅相册书
认知	镜子、婴儿熟悉的玩具	辨认五官、开灯游戏、认识红色、找玩具
社会情感	镜子	表情模仿

3. 亲子活动指导

(1) 大运动技能

爬行是婴幼儿成长过程中有里程碑意义的行为，是婴儿期最重要的感觉统合练习。婴儿大约在 7—8 个月时能够匍匐爬行，以腹部蠕动，四肢不规则地划动，不是向前，而是向后。婴儿 9—10 个月时能够发展为四肢爬行。

成人应为 10—12 个月的婴儿创设爬行自如的活动空间。爬行动作练习初期，成人可以利用长毛巾兜住婴儿腹部，让其腹部离开地面，屁股抬高。成人推动婴儿小脚，帮助其练习四肢爬行。为激发婴儿的爬行乐趣，成人可以在爬行区域不同的位置用玩具逗引其练习爬行，同时用“快爬”的语言进行鼓励。婴儿的爬行动作熟练后，成人也可在地上放置一些软的靠垫等物品，设置小障碍，鼓励孩子越过障碍爬行。爬行锻炼婴儿全身大肌肉活动的力量，增强四肢活动的协调性和灵活性，能为日后站立、行走以及各项动作的发展打下基础，帮助婴幼儿较好地探索世界，提升空间探索能力。

(2) 精细动作

10—12 个月婴儿的拇指、食指处于分化时期，手部动作发展到了拇指和食指的指端，小手更加灵活自如。在生活、游戏中，成人应多提供动手操作的机会。例如，拇指和食指捏取豆豆、打开瓶盖、套圈圈、剥糖纸、握笔涂涂点点、翻阅图书等，进一步提升 10—12 个月婴儿拇指和食指的灵活性、精确性，发展其手眼协调的能力。

(3) 语言

经过音节发声阶段后，婴儿的发音更为复杂，开始能发出不同的连续音节。大约从9个月开始，婴儿逐渐能够理解成人的语言，逐渐出现语言沟通能力的萌芽。10—12个月的婴儿能通过一定的语音、动作、表情等，使语音产生语言意义，能说出最常用的词汇，如“爸爸”“妈妈”……生活是语言表达的源泉，成人可以利用生活中熟悉的人、物，引导10—12个月的婴儿学发音、学说话。例如，共同翻阅家人照片，问孩子：“这是谁?”“爸爸在哪儿?”鼓励孩子尝试发音，并反复进行练习，感知语音或语音模式与物体或事件的联系。

语言能力在日常生活的运用中发展。家庭教养过程中，当孩子在说“小儿语”时，成人应尽量避免因为好玩而重复孩子的话。日常生活中，当孩子想要某物品时，成人可以延迟满足，鼓励孩子逐渐用语言替代手势。游戏互动时，当孩子发出新的语音时，成人一定要及时鼓励。

(4) 认知

10—12个月的婴儿，其感知觉发展迅速，大部分感知能力已经接近成人的水平。生活中，成人可引导10—12个月的婴儿观察事物，扩大视野，进而引导其探究因果关系。例如，进行开灯游戏、辨认五官、认识红色、找找在眼前的物品、记忆看到的玩具等，促进婴儿感知觉发展，增强其推理能力。

(5) 社会情感

10—12个月的婴儿开始出现对陌生人的辨别能力。面对陌生人时，10—12个月的婴儿会出现焦虑或害怕的表现。日常生活中，成人应时常带孩子外出，满足孩子对熟人的关注和对周围的人、物、环境的好奇心。为婴幼儿提供接触同伴的机会，能够帮助婴幼儿建立初步的交友、分享能力。

10—12个月是婴儿自我意识的萌芽时期，婴儿有了自我为活动主体的认识。成人可以利用照镜子的游戏，帮助10—12个月的婴儿认识自己、模仿不同表情等，促进其感知自身能力的发展，为其良好情绪情感以及社会交往能力的发展奠定基础。

4. 亲子活动案例

(1) 感知与运动

【活动名称】拧瓶盖

【适宜年龄段】10—12个月

【活动说明】10—12 个月的婴儿手指协调能力发展得更好。成人可以利用生活中常见的瓶子,设计拧瓶盖的游戏,练习 10—12 个月婴儿拇指和其他四指的旋拧能力及手腕力量,促进小肌肉的发展。

【活动目标】练习拧的动作。

【材料准备】有配套瓶盖的瓶子,将铃铛、小石子、豆子分别放在瓶子里。

【活动流程】

(1) 出示材料,引发孩子的兴趣。

教师:"今天来了一位小客人。"教师一边说一边出示瓶子:"我是瓶宝宝,大家都爱我,轻轻摇摇我,猜一猜里面是什么? 拧一拧,瓶子快打开。"

(2) 教师示范拧瓶盖。

教师:"摇一摇,什么声音? 是什么东西在瓶子里呢?"

教师:"手指捏住小瓶盖,转转转,转转转,打开瓶盖倒出来,小铃铛变出来。"

(3) 亲子游戏。

孩子自由摆弄瓶子,家长引导其拧瓶盖,找出瓶子中的物品。教师观察操作情况,适时给予指导(如朝一个方向旋转)。

【教学建议】

(1) 游戏前,教师介绍游戏设计说明以及活动目标。

(2) 教师在活动中应使用生动、有节奏的语言吸引孩子拧瓶盖,探索瓶子里的物品。

(3) 操作结束后,提示孩子将材料放回筐子,收拾、整理好交给教师。

【家长配合】

(1) 孩子尝试拧瓶盖遇到困难时,家长可以手把手地教授其拧的动作,感受朝一个方向转动,打开瓶子。

(2) 成功后,家长及时给予其鼓励。

【补充说明】

收集生活中干净的瓶子、杯子。孩子可以将瓶子打开、拧上,为大小不同的杯子盖杯盖等。这些活动都能够锻炼孩子的手指肌肉,同时也能让孩子掌握物体之间简单的联系,锻炼其逻辑思维。

(2) 认知与语言

【活动名称】小动物来了

【适宜年龄段】10—12 个月

【活动说明】

10—12个月的婴儿能辨别更多的语调、语气和音色的变化。音乐活动“小动物来了”旨在鼓励10—12个月的婴儿尝试发出新语音，促进语言的发展。

【活动目标】模仿小动物的叫声，感受二四拍的节奏。

【材料准备】动物手偶若干，手摇铃每人两个。

【活动流程】

(1) 出示动物手偶念诵歌词。

教师：“宝宝们，看谁来了？”教师出示小狗手偶：“小狗怎样叫？小狗汪汪叫。汪汪汪！”

教师：“宝宝，小狗怎么叫？”（手偶演示鼓励孩子学说“汪汪汪”）

(2) 教师跟随音乐完整演唱歌曲，鼓励孩子跟唱，模仿小狗的叫声“汪汪汪”。

(3) 教师出示小猫手偶，活动环节同上。

(4) 教师出示手摇铃，示范节奏。

教师：“小摇铃想和小动物们一起唱歌呢！”

教师示范边唱边演奏。

亲子演奏，鼓励孩子最后接唱“汪汪汪”“喵喵喵”。

【教学建议】

(1) 游戏前，教师介绍活动设计说明以及活动目标。

(2) 活动导入环节，教师可以用出示手偶或者图片等方式吸引孩子的注意，在孩子学说时，教师也可以用手偶和其互动。

(3) 添加乐器一方面可以帮助10—12个月的婴儿感受二四拍节奏，一方面能够增加其学唱的兴趣。

(4) 也可以使用铃鼓、圆舞板等乐器。教师可以根据孩子的经验和兴趣提供。

【家长配合】

(1) 家长可以在活动中用夸张的表情动作和孩子一起模仿动物的叫声。

(2) 乐器演奏时，家长开始可以拉着孩子的手有节奏地摇，让孩子感受二四拍节奏，后面可以让孩子尝试独自演奏。

【补充说明】

可以用瓶子装一些撞击发声的物品，自制小乐器，引发孩子跟着音乐节奏摆动身体。可以引导孩子模仿更多小动物的叫声，例如小鸡，小鸭，小羊，小牛……

小动物来了

1＝C $\frac{2}{4}$

1 2 | 3 4 | 5 － | 5 4 | 3 2 | 1 － | 5 － | 5 － | 5 － |

小 狗 怎 样 叫？ 小 狗 汪 汪 叫。 汪 汪 汪！
小 猫 怎 样 叫？ 小 猫 喵 喵 叫。 喵 喵 喵！

X － | X － | X － | X － | X － | X － | X － | X － | X － ‖

（摇铃节奏）

（3）情感与社会性

【活动名称】找朋友

【适宜年龄段】10—12个月

【活动说明】10—12个月的婴儿对同龄人表现出极大的兴趣，会互相凝视，或彼此触摸。“找朋友”游戏帮助10—12个月的婴儿在与同伴的互动中体验与人交往的快乐。

【活动目标】乐意与同伴互动，体验与同伴游戏的快乐。

【材料准备】音乐、仿真娃娃。

【活动流程】

（1）教师出示仿真娃娃，示范游戏玩法。

教师播放歌曲《找朋友》，手抱娃娃，走向孩子，当唱到“找到一个好朋友”的时候，教师和家长都要用高兴的情绪感染孩子，鼓励孩子和老师拉拉手，抱一抱，再见（摆摆手）。

（2）亲子游戏。

家长抱着孩子一起跟着音乐边唱边找同伴互动（拉拉手、抱一抱、再见）。反复游戏多次，每次找不同的同伴。

【教学建议】

（1）唱完“找到一个好朋友”之后，教师可以引导大家一起欢呼“哦——”或者“耶——”，烘托现场欢乐的气氛。

（2）可以根据游戏的情况变换动作互动，如，笑一笑，碰一碰等。

【家长配合】

（1）游戏多次之后，家长可以引导孩子主动和同伴做动作。

（2）家长应及时表扬孩子的行为：“宝宝真棒！找到了一个好朋友。”

【补充说明】

家长应鼓励孩子积极与家人或者他人交往，学会使用正确的肢体语言。例如，飞吻，摆摆手说再见，握握手说你好……

(五) 13—18个月幼儿亲子活动的设计与指导

1. 主要发展指标

表4-10　13—18个月幼儿发展观察要点①

发育与健康	感知与运动	认知与语言	情感与社会性
● 18个月时，平均身高男孩为84.41厘米，女孩为82.71厘米 ● 平均体重男孩为11.80千克，女孩为11.11千克 ● 平均头围男孩为48.18厘米，女孩为46.83厘米 ● 平均胸围男孩为48.51厘米，女孩为47.28厘米 ● 上下第1乳磨牙大多长出，乳尖牙开始萌出，会咀嚼并咽下像苹果、梨等较硬的食品，并能很协调地在咀嚼后咽下 ● 前囟门闭合(正常为12—18个月) ● 白天开始能主动表示便意	● 走得稳，能停、能走、也能改变方向 ● 自己能蹲，不扶物就能复位 ● 能一手扶栏上几级楼梯 ● 开始跑，但不稳 ● 味觉、嗅觉更灵敏，触觉更敏感 ● 会用2—3块积木垒高，能抓住一支蜡笔用来涂画 ● 能双手端碗，试着自己用小勺进食 ● 模仿成人的动作，如敲击、扫地	● 反复摆弄物体，出现假动作，如用玩具电话做出打电话的样子 ● 开始知道书的概念，如喜欢模仿翻书页 ● 喜欢将容器填满和倾倒 ● 知道简单的因果关系 ● 在一堆物品中挑出与其他不同的物品 ● 喜欢重复别人说过的话 ● 指认熟悉的物品和人 ● 能用少量语汇表达一定的意思，如说“抱”表示要大人抱抱 ● 开始出现用两三个字组成的动宾结构的句子表达意思，如“宝宝吃”“妈妈抱”“要去”等 ● 模仿常见动物的叫声 ● 喜欢听音乐，跟着摆动 ● 伴随表情，用字词、动作进行交流	● 能在镜中辨认出自己，对陌生人表现出新奇 ● 情绪不稳定，变得容易受挫，受挫折时常常发脾气 ● 情绪易受感染，看到别的小孩哭时，表现出痛苦的表情或跟着哭 ● 对玩具有自己的选择偏爱 ● 醒着躺在床上，四处张望 ● 会依附安全的东西，如毯子等，个别孩子吮拇指习惯达到高峰，特别在睡觉时 ● 喜欢单独玩或观看别人游戏活动 ● 开始能理解并遵从简单的行为规则 ● 对常规的改变和所有的突然变迁表示反对，表现出情绪不稳定 ● 在照片中辨认出家庭主要成员

2. 活动材料及活动内容

表4-11　13—18个月幼儿亲子活动材料及内容

模　块	活　动　材　料	活　动　内　容
大运动技能	积木	小巨人
精细动作	大嘴巴狗头容器、豆子、小筐、托盘	捏豆豆
语言	手偶若干	我喜欢……
认知	手偶、各种小动物的图片	躲猫猫
社会情感	家庭照片	欢乐一家人

3. 亲子活动指导

(1) 大运动技能

幼儿到18个月左右，已经能够四处走动，但步伐仍然不稳。成人应时常帮助幼儿练习行走，尝试蹲下来捡起地上的物件起身后不跌倒，拿着或拖拉着玩具向前行进走路，会扶着栏杆上楼梯，尝试踢球。

① 上海市教育委员会.上海市0—3岁婴幼儿教养方案[M].上海：上海教育出版社，2008：25-27.

（2）精细动作

成人可以为幼儿提供撕不破的小书，让幼儿练习翻书，一页一页地翻书；指导幼儿把两块以上的积木叠成小塔；用瓶盖或者门把练习手部拧的动作；练习穿较大孔的珠子；进行多种颜色的涂鸦活动。

（3）语言

13—18个月幼儿的语言发展处于不完整句时期，幼儿更多地使用肢体语言来与成人进行交流。因此，语言教育是日常生活中重要的一部分，包括发展幼儿的听力。为了帮助幼儿掌握新的词语，扩大词汇量，成年人应为幼儿树立良好的榜样，培养幼儿的阅读兴趣，多开展一些早期阅读活动。

（4）认知

13—18个月的幼儿善于模仿进行假想游戏。幼儿从以自己为主体，逐步转移为以他人或洋娃娃为主体开展游戏，比如喂娃娃吃饭，给妈妈梳头等。幼儿可以从尝试中学习解决问题，在成人引导下开始把物品按形状及大小分类。

（5）社会情感

13—18个月的幼儿有了一定的情绪理解能力，能根据别人的情绪、态度，推断别人的喜好。这一阶段的幼儿能够注意镜子里的物品与镜子外的物品的对应关系，对镜中映像的动作伴随自己的动作变化感到好奇，但不太愿与“他”交往。

4. 亲子活动案例

（1）感知与运动

【活动名称】捏豆豆

【适宜年龄段】13—18个月

【活动说明】

婴幼儿抓握动作的发展有一个过程：一把抓—三指抓—二指抓。一岁以后，五指功能分化，手指越来越灵活。游戏“捏豆豆”能够锻炼食指和大拇指捏的动作，培养幼儿手指的精细动作。

【活动目标】学习用食指和大拇指捏起蚕豆，放进容器中。

【材料准备】人手一套材料：有大嘴巴狗头的容器（可用小油泥桶制作），蚕豆10粒左右，小筐一个，托盘一个。

【活动流程】

（1）出示大嘴巴狗头容器，激发幼儿的游戏兴趣。

教师:“汪,汪,猜猜谁来啦?小狗嘴巴张得大大的,肚子饿了,请你捏一些豆豆喂喂它吧。”

(2) 手指操:引导幼儿用食指和拇指做出捏的动作。

“大拇指,大拇指,弯弯腰,问声好。”

“食指,食指,弯弯腰,忙道谢。”

“大拇指,食指,碰碰碰,捏一捏。”

(3) 教师示范捏豆豆游戏。

教师:“我的小手变变变。”(做出大拇指和食指捏的动作)“捏豆豆,捏豆豆,捏个豆豆喂小狗。”(一边念儿歌一边做动作,一次只能喂一粒豆豆)

(4) 亲子游戏。家长引导幼儿用手捏起豆豆,然后放到罐子里。家长念儿歌,给幼儿动作提示。

【教学建议】

(1) 创设游戏场景,如投喂小动物,激发幼儿的兴趣。

(2) 游戏材料的提供可以有层次性,喂的口径可以从大到小。

(3) 手拿的材料从大块到小块,逐步提高幼儿手指的精细动作。

【家长配合】

(1) 家长可以边念儿歌边和幼儿一起做手指操,学习捏的动作要领。

(2) 在幼儿捏豆子的过程中,如果出现捏不上来的情况,家长应该握住幼儿的手,帮助其捏豆子;幼儿如果出现一次捏多粒的情况,家长可以告诉幼儿一次只能喂一粒,否则小动物会吃撑。

(3) 投喂了小动物后,家长可以用语言进行鼓励,提升幼儿参与游戏的积极性。

(4) 手捏较小的物品时,家长要注意,不要让幼儿塞到口鼻里,保证游戏的安全性。

【补充说明】

在家中,可以利用生活中常见的物品,如用空瓶装豆子制作乐器,撕纸,捏纸球等,训练幼儿的手指精细动作。

(2) 认知与语言

【活动名称】躲猫猫

【适宜年龄段】13—18 个月

【活动说明】13—18 个月的幼儿正处于语言发展的关键期。我们应多鼓励幼儿在用肢体语言表达自己愿望的同时加强口语表达的训练。在这一阶段,家长要多引导幼儿通过跟

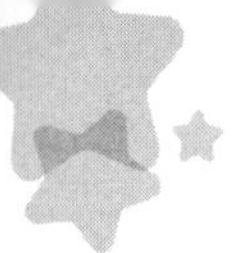

说来学习语言的表达。

【活动目标】能够正确区分动物的特征。

【材料准备】手偶、各种小动物的图片、音乐《怎样叫》，用彩色卡纸挡住小动物的一部分，展示出动物的局部特征。

【活动流程】

(1) 教师情景引入，帮助幼儿复习、巩固对小动物的认识。

“喵喵喵”什么叫？小猫叫，小猫胡须长又长。

“噜噜噜”什么叫？小猪叫，小猪鼻子大又大。

“吱吱吱”什么叫？老鼠叫，老鼠尾巴细又长。

(2) 教师示范教具和游戏玩法。

教师：“有些小动物藏了起来，我也找不到它们了。请小朋友帮我找一找，告诉我，这是谁，好不好啊？”

请家长帮助，取出一张卡片，引导幼儿仔细观察卡片里面动物的突出特征，并请幼儿猜出这个小动物。如果猜对了，引导幼儿和小动物打招呼，例如：“小猫咪，你好。”

(3) 亲子游戏。

【教学建议】

(1) 教师可以根据自己出示的不同手偶的特点来创编儿歌。

(2) 可以指导幼儿尝试使用礼貌用语。

【家长配合】

(1) 家长可以先和幼儿一起模仿小动物的动作，引导幼儿猜一猜、学一学。

(2) 家长要关注幼儿对小动物特征的了解程度，当幼儿猜不出小动物时，家长要适当引导，如：“扁扁嘴巴，嘎嘎叫是——小鸭子。”

(3) 当幼儿自己找出答案时，家长要进行及时的赞赏和鼓励。

【补充说明】

在日常生活中，家长要多鼓励幼儿和身边的人打招呼。此外，适当夸张的表情和动作，更容易引发幼儿开口模仿的兴趣。

(3) 情感与社会性

【活动名称】好朋友

【适宜年龄段】13—18 个月

【活动说明】这个阶段的幼儿在活动时，常常以自我为中心。所以，在日常生活中，成人要给他们多创造同伴交往的机会。

【活动目标】懂得要和伙伴友好相处。

【材料准备】绘本《好朋友》。

【活动流程】

教师拿出大书："今天我要给小朋友们讲个故事——《好朋友》。"

(1) 教师讲故事。

小狸猫在树后看见小兔子和小熊在玩沙子，它也很想加入。可是……它看见小鼹鼠走向小兔子和小熊，说："我也一起玩，好么？"小兔说："好啊，来吧。"小狸猫很害羞，不敢说："我也一起玩。"这时，小猪走过来对他们说："我也一起玩，好么？"小熊说："好啊，来啊。"

"我也一起玩，好么？"小狸猫声音太小，谁也没有听见。小狸猫鼓起了勇气，向前走了几步，大声说："我也一起玩，好么？"小伙伴们说："哇，大家一起玩吧。"大家都变成了泥人。好朋友们一起玩，真开心。

(2) 教师提问。

"故事里有谁啊？""小狸猫学会说了一句话，是什么？""第一次，它的声音有点小，第二次呢？"

(3) 教师带领家长和幼儿一起做手指谣。

手指谣：

"小宝宝，真可爱"(每念一个字拍一下手)

"伸出手指"(伸出一个小手指，每念一个字弯一下)

"勾一勾"(和家长勾手指)

"我们成为好朋友"(勾住手指拉动四次，说"好朋友"时拥抱对方)

(4) 亲子游戏。

【教学建议】

(1) 教师讲述故事前，可以先引导幼儿观察绘本的封面。提问："这里有谁啊？"引导幼儿学会观察，大胆表达。

(2) 教师在讲故事时，应该突出重点的语句。

(3) 讲完故事后，应该提示幼儿勇敢回答，并给回答问题的幼儿适当的奖励。

教师视幼儿的完成情况，在幼儿掌握的前提下，尝试让幼儿相互做手指谣。

【家长配合】

(1) 家长应该多关注幼儿是否能够认真聆听，过程中不要打搅幼儿。

(2) 家长在教师提问时先不要急于提醒和帮助幼儿说出答案。当幼儿说出答案时，要给

予鼓励。如果幼儿不能说出答案，家长可以在其他幼儿说出答案后，鼓励自己家的孩子重复答案，加深印象。

(3) 第一次和幼儿做手指谣时候，家长可以握着幼儿的手来完成，边念歌谣边帮助幼儿做手指谣，而后尝试让幼儿面对面，边做动作边念儿歌。

(4) 和同伴进行手指谣时，家长也可以握着幼儿的手，帮助幼儿尝试与同伴进行合作游戏。

（六）19—24 个月幼儿亲子活动的设计与指导

1. 主要发展指标

表 4-12　19—24 个月幼儿发展观察要点①

发育与健康	感知与运动	认知与语言	情感与社会性
● 24 个月时，平均身高男孩为 91.72 厘米，女孩为 90.43厘米 ● 平均体重男孩为 13.50 千克，女孩为 12.84 千克 ● 平均头围男孩为 49.30 厘米，女孩为 48.19 厘米 ● 平均胸围男孩为 50.20 厘米，女孩为 49.02 厘米 ● 会主动表示大小便，白天基本不尿湿裤子 ● 开始长第二乳磨牙，牙齿大概 16 只 ● 一昼夜睡 12—13 小时左右	● 连续跑 3—4 米，但不稳 ● 自己上床(矮床) ● 一手扶栏杆自己上下楼梯 ● 开始做原地跳跃动作 ● 双脚能同时跳起 ● 能踢大球 ● 会跨骑在四轮小车上 ● 能蹲着玩 ● 能双手举过头顶掷球 ● 能根据音乐的节奏做动作 ● 用鞋带串大珠子 ● 会把 5—6 块积木垒高 ● 能自己用汤匙吃东西	● 开口表示个人需要 ● 能记住生活中熟悉物放置的固定地方，如糖缸 ● 口数 1—5 ● 能按指示做(2—3 件事，连续的)，如：把球扔出去，然后跑去追 ● 对声音的反应越来越强烈，喜欢听重复的声音，如一遍又一遍地听一首歌、读一本书等 ● 能说几个字的简单句，如“囡囡要糖”等 ● 能分辨一本书的封面及基本结构，开始辨认书中角色的名字，会主动看图讲简单的话	● 能区别成人表情中蕴含的情绪 ● 开始用名字称呼自己 ● 当父母或看护人离开房间时会感到沮丧，与父母分离有恐惧 ● 在有提示的情况下，会说“请”和“谢谢” ● 能对自己独立表现一些技能感到骄傲 ● 不愿把东西给别人，只知道是“我的” ● 情绪变化趋于稳定，能初步调节自己的情绪 ● 交际性增强，较少表现出不友好和敌意 ● 会帮忙做事，如学着把玩具收拾好 ● 开始和其他小朋友一起游戏 ● 游戏时能模仿父母更多的细节动作，想象力增强

2. 活动材料及活动内容

表 4-13　19—24 个月幼儿亲子活动材料及内容

模　块	活　动　材　料	活　动　内　容
大运动技能	球、四轮车	上下楼梯、踢大球、学小兔跳、骑四轮车
精细动作	积木、油画棒	搭积木、涂鸦
语言	动物图片	猜声音、模仿动物叫声
认知	熟知的物品、玩具	找相同物品
社会情感	音乐	找朋友

① 上海市教育委员会.上海市 0—3 岁婴幼儿教养方案[M].上海：上海教育出版社，2008：28-30.

3. 亲子活动指导

（1）大运动技能

19—24个月幼儿的动作能力有较大发展，动作的稳定性和协调性逐渐增强。走的动作趋于成熟，跑的动作开始发展。生活中，成人应带幼儿去户外进行大运动技能锻炼，如上下楼梯、踢大球、学小兔跳、骑四轮车等，锻炼多项运动技能，提高身体协调能力。

居家环境应确保婴幼儿活动安全。婴幼儿天生好奇心强、爱探索，但安全意识薄弱。家长要将尖锐的器物、药品、电源插座等危险物，置放在婴幼儿触及不到的地方，同时，也要提高婴幼儿的安全意识。

（2）精细动作

19—24个月是幼儿手部灵活性、准确性发展的关键时期。成人应为孩子创设自由活动的空间，提供丰富的游戏材料。涂鸦、搭积木等都是婴幼儿喜欢的活动，既能锻炼其精细动作及手眼协调能力，也能帮助婴幼儿在垒高积木的过程中感受空间，感知积木形状、大小、高矮、颜色等，让婴幼儿在游戏中丰富认知能力。

家长应在生活中满足幼儿自己做事的愿望，注重幼儿生活自理能力的养成，在盥洗时帮助婴幼儿学着使用肥皂、毛巾，学脱鞋子、裤子、袜子和外衣、学习自己收拾玩具等。

（3）语言

19—24个月的幼儿出现语言“迸发期”，能理解的词汇与日俱增，掌握新词突飞猛进。幼儿已经形成用语言表达自己的能力，渐渐学会用代词“我”来称呼自己，已具有明确的客体我。这一时期，幼儿喜欢提问，也会常常说“不”，这意味着其进入人生第一个反抗期。亲子念诵有节奏韵律的儿歌、阅读绘本故事、同伴交往、猜猜声音等活动，不仅能促进幼儿的语言发展，也为幼儿的社会性交往奠定基础。

创设良好的家庭语言环境十分重要。为避免家庭成员不同地区的口音对婴幼儿语言学习造成干扰，应为婴幼儿提供规范的语言学习的榜样。成人应鼓励婴幼儿大胆表达。当婴幼儿主动向成人表达意见、诉说愿望时，及时的肯定能让婴幼儿感受到沟通交流的成就感和自信心。

（4）认知

19—24个月的幼儿，其思维发展处于从感知运动阶段向前运算阶段过渡的时期，象征性思维能力出现，客体永久性认知进一步发展，记忆与模仿能力增强，开始进行假想游戏，进入关注细微事物的敏感期。找相同物品、玩具、找找熟悉物品摆放的位置等亲子互动游戏，能促进幼儿注意力、观察力、记忆力的发展。

19—24个月幼儿感知觉的发展主要表现在如下几个方面。视觉方面，能认识基本的颜

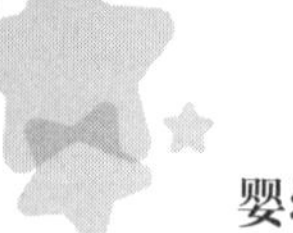

色，如红、黄、蓝、绿；听觉方面，对声音反应敏感；知觉方面，能认识基本图形，如圆形、正方形、三角形、半圆形等。生活中，成人应鼓励幼儿辨别环境中的常见物，使其对物体的形状、冷热、大小、颜色、软硬等差别明显的特征有充分的感知体验。

（5）社会情感

随着年龄的增长，婴幼儿表现出更多与同伴和成人交往的意愿。与此同时，分享的行为随年龄增长而增多，对陌生人的恐惧表现减少。婴幼儿与照料者建立了牢固的依恋关系，因而会出现分离焦虑。成人应提供机会，让婴幼儿与同伴互动、游戏，从而增加婴幼儿依恋的广度，为他们社会情感的进一步发展打好基础。

4. 亲子活动案例

（1）感知与运动

【活动名称】好玩的球

【适宜年龄段】19—24 个月

【活动说明】

19—24 个月的幼儿，其大动作逐步完善，走、跑、跳、跨等动作的协调性、灵活性增强，喜欢玩球、踢球，能双手举过头顶掷球。亲子游戏“好玩的球”能够锻炼幼儿的手部力量，促进其身体动作的协调发展。

【活动目标】练习双手举过头顶掷球。

【材料准备】按摩球，网兜，大篮筐。

【活动流程】

（1）围坐成大圆，师幼互动，进行游戏“趣味滚球”。

教师：“球儿、球儿，真听话。老师轻轻推，球儿滚到宝宝那儿。宝宝轻轻推，球儿滚到老师这儿。”（通过滚接球，每个幼儿拿到一个球）

（2）亲子互动，自由玩球。

家长和幼儿一起玩球，家长引导幼儿抛球、滚球、踢球。

（3）亲子游戏“投球进筐”。

① 出示大篮筐，教师示范投球。

教师：“球儿球儿真听话，举过头顶往前抛，一抛抛到篮筐里。”

② 家长引导幼儿将球投到篮筐里。

（4）亲子游戏“投球高手”。

幼儿双手举过头顶用力向前投球，家长拿网兜接球。

【教学建议】

(1) 教师在示范投球动作要领时,可以用生动、易懂的语言,边说边示范。

(2) 互动玩球,鼓励幼儿和同伴一起滚球、踢球。

(3) 游戏中,教师观察幼儿能否将球举过头顶投掷球。

【家长配合】

进行亲子互动游戏"投球高手"时,家长可以根据幼儿的能力,及时调整网兜的高度和距离,让幼儿体验成功投掷的快乐。

【补充说明】

家长可以多带幼儿到户外活动,一起玩皮球(踢、滚、投掷)等,发展幼儿的大运动能力。家长也可以提供各种材质的球,丰富幼儿的认知经验。

(2) 认知与语言

【活动名称】夹夹子

【适宜年龄段】19—24 个月

【活动说明】

19—24 个月的幼儿,认知发展进入了一个新阶段,能口数 1—5。利用生活中幼儿常见物品设计的游戏"夹夹子",能够培养幼儿口头数数的能力,帮助幼儿建立空间概念,发展幼儿的想象力和创造力。

【活动目标】

(1) 丰富幼儿对数字的感知。

(2) 促进幼儿手、眼和脑的协调发展,提升幼儿的空间感知能力。

【材料准备】A 字型的夹子、衣架。

【活动流程】

(1) 游戏"小星星"。

① 教师(教师提前将夹子夹在自己的衣服上):"一闪一闪亮晶晶,满天都是小星星,宝宝们快来摘星星。"(教师可以哼唱吸引幼儿的注意力)

② 教师示范大拇指、食指捏的方法,取夹子。

教师:"小手变变变,变出小手枪(伸出大拇指、食指),大拇指、食指真能干,两个指头轻轻捏一捏,小星星摘下来。"

③ 请个别幼儿示范把夹子拿下来。(教师引导幼儿用大拇指食指捏的方式取夹子)

④ 亲子游戏,家长把夹子夹在衣服上,鼓励幼儿把夹子一个一个拿下来。

⑤ 教师:“数数有几个夹子,把一样颜色的夹子放一起吧!”

(2) 游戏“夹子小算盘”。

① 教师(先把夹子夹在衣架上):“宝宝快看,小夹子排排队,数数有几个。”

② 教师鼓励幼儿一个一个点数。

③ 亲子共同游戏。

(3) 游戏“夹子变魔术”。

① 教师:“小夹子,变、变、变(将小夹首尾相夹变小鱼……),宝宝和爸爸妈妈也来变变变吧!”

② 亲子游戏,利用夹子拼图形,可以首尾相夹变成各种想象物品。

(4) 游戏“夹子高楼”。

教师示范夹子垒高楼游戏,亲子轮流利用夹子将衣架叠高,一人一次,直至(高楼)倒塌。

【教学建议】

(1) 介绍活动设计的目标。

(2) 向家长传达理念,不是越昂贵的玩具越好,“选择宝宝适宜的玩具”,生活中的物品也可以成为幼儿的玩具。

(3) 游戏中,教师根据幼儿的兴趣,及时调整游戏的内容,以及根据幼儿的能力增减夹子的数量。

【家长配合】

(1) 游戏中,家长对幼儿的表现要及时肯定和表扬,让幼儿获得成功感。

(2) 游戏中要根据幼儿现实的能力和经验,调整夹子的数量。

【补充说明】

在生活中提升幼儿的认知能力,鼓励幼儿辨别周围生活环境中的常见物,让其对物体的形状、冷热、大小、颜色、软硬等差别明显的特征有充分的感知体验。

(3) 情感与社会性

【活动名称】好吃的面条

【适宜年龄段】19—24 个月

【活动说明】

19—24 个月的幼儿不愿意把东西给别人,只知道是“我的”。“煮面条”游戏不仅引导幼儿尝试用大拇指和食指撕纸,锻炼精细动作,也帮助幼儿在游戏情景中提升社会交往能力,练习简单的礼貌用语,知道把好东西与别人分享,对自己的成功感到骄傲。

【活动目标】

(1) 大胆与他人交流,体会与他人交往的快乐。

(2) 锻炼小手精细动作。

【材料准备】长方形彩色皱纹纸,大的锅、碗、勺子,妈妈的围裙,爸爸的领带。

【活动流程】

(1) 情景导入。

① 教师(出示锅、碗、妈妈的围裙、爸爸的领带):"我来做爸爸呀,我来做妈妈! 我们大家在一起,一起'扮家家'。"

② 教师:"宝宝,今天你想扮演谁? 是爸爸,是妈妈,还是……"

③ 幼儿选择自己想扮演角色的饰品,进行装扮。

(2) 游戏"撕面条"。

① 教师(出示动物手偶):"今天,小熊、小猪要来做客啦! 它们可喜欢吃面条啦! 我们一起来做面条招待它们吧!"

② 教师示范动作,用大拇指和食指捏纸,将纸撕成细长的纸条。

教师:"小手变变变,变成小手枪,拇指食指捏住纸,一前一后往下撕。"

③ 亲子互动一起撕面条放到小锅里。

(3) 游戏"煮面条"。

① 教师(出示一个大盆):"面条做好了,我们一起煮面条吧!"

② 幼儿将撕好的面条倒入大锅中。

③ 教师一边说一边示范,引导幼儿手拿小勺在锅里模仿炒菜的动作。

教师:"我来当爸爸,我来当妈妈,我们大家在一起,一起煮面条。倒点油,撒点盐,倒点酱油,撒点葱花……面条做好了,闻一闻,面条香不香。"(引导幼儿闻一闻,说"香")

(4) 游戏"送面条"。

引导幼儿把面条送给小动物吃,学说:"小熊,请你吃面条。"小熊说:"谢谢!"幼儿说:"不客气。"

【教学建议】

(1) 教师向家长介绍活动设计的目的。

(2) 活动中创设游戏情景,引导幼儿在角色扮演中激发活动的兴趣。

(3) 在撕面条的过程中关注幼儿的动作,关注幼儿是否用拇指和食指来撕纸。

(4) 提供彩色皱纹纸吸引幼儿的注意力。可在皱纹纸上剪一些小缺口,引导幼儿撕的方向,也降低游戏的难度,以便幼儿撕成长长的面条,体验成就感。

(5) "送面条"环节中,教师可以鼓励幼儿把面条送给家人或同伴"吃"。

【家长配合】

(1) 幼儿在撕面条的过程中，家长可以说："拇指食指捏住纸，一前一后往下撕。"引导幼儿掌握撕纸的动作要领。

(2) 家长要为幼儿的成功鼓掌，及时鼓励。

(3) 游戏中，家长要引导幼儿使用礼貌用语："请""谢谢"等。

【补充说明】

生活中，家长要提醒幼儿有礼貌地与人打招呼，带幼儿和同伴一起玩，在游戏中学会等待、分享、轮流等规则。

(七) 25—30个月幼儿亲子活动的设计与指导

1. 主要发展指标

表4-14　25—30个月幼儿发展观察要点①

发育与健康	感知与运动	认知与语言	情感与社会性
● 30个月时，平均身高男孩为96.10厘米，女孩为94.65厘米 ● 平均体重男孩为14.53千克，女孩为13.87千克 ● 平均头围男孩为49.74厘米，女孩为48.76厘米 ● 平均胸围男孩为51.21厘米，女孩为49.78厘米 ● 20颗乳牙已全部出齐	● 能后退、侧走和奔跑 ● 能轻松地立定蹲下 ● 会迈过低矮的障碍物 ● 能双脚交替上下楼梯 ● 能从楼梯末级跳下 ● 能单脚站立(2—5秒) ● 能将球朝一定的方向滚 ● 能将球用力往远处扔 ● 会骑三轮童车 ● 在成人提醒下如厕，学着自己洗手、擦脸 ● 会转动把手开门、旋开瓶盖取物 ● 能用大号蜡笔涂涂画画，自己画垂直线、水平线 ● 学着一页一页翻书 ● 学着自己穿鞋、解衣扣、拉拉链	● 知道大小、多少、上下，会比较多少、长短、大小 ● 会指认圆形、方形和三角形 ● 知道红色，并能正确指认 ● 用积木垒高或连接成简单的物体形状(如，桥、火车) ● 会捏、团、撕，随意折纸 ● 能数到10 ● 游戏时能用物体或自己的身体部位代表其他物体(如，手指当牙刷) ● 听完故事能说出讲的是什么人、什么事 ● 会用几个形容词 ● 会用"你""我""他"，会用连接词"和""跟"，会使用副词"很""最" ● 能说出常见物品的名称和用途，词汇量发展迅速，会使用七八个词组成的句子进行简单的叙述 ● 会背诵简单的儿歌，且发音基本正确 ● 喜欢玩颜料、玩橡皮泥 ● 开始理解事件发生的前后顺序	● 有简单的是非观念，知道打人、咬人、抓人不好 ● 会发脾气，常用"不"表示独立 ● 知道自己的全名，用"我"来表示自己 ● 和同伴一起玩简单的游戏，会相互模仿，有模糊的角色装扮意识 ● 初步意识到他人的情绪，开始表达自己的情感

2. 活动材料及活动内容

表4-15　25—30个月幼儿亲子活动材料及内容

模块	活动材料	活动内容
大运动技能	小椅子、小桌子、房子图片	蚂蚁回家
精细动作	瓶子、瓶盖	找一找，拧一拧

① 上海市教育委员会.上海市0—3岁婴幼儿教养方案[M].上海：上海教育出版社，2008：31-33.

续 表

模 块	活 动 材 料	活 动 内 容
语言	呼啦圈、交通标志	小司机
认知	玩偶、奶酪盒、不同图形的小奶酪图片	吃奶酪
社会情感	表示情境的图片	有礼貌的宝宝

3. 亲子活动指导

(1) 大运动技能

多与幼儿进行从高处往下跳、平地跳远、自由追逐、攀登及平衡运动练习，以进一步发展幼儿肢体动作的协调性。25—30个月的幼儿可以在成人的指导下进行身体控制能力练习，提高跳、跑、攀、爬、投掷等运动技能。

(2) 精细动作

可以引导幼儿循序渐进地练习夹的动作；正确使用彩笔画直线、横线；学习搓、压、团等玩橡皮泥的技巧；练习简单的折纸方法，如，对角折、对边折。

(3) 语言

幼儿学习语言最基本的和最重要的环境就是日常生活。语言的反复使用易于加强幼儿的印象和理解。成人可以开展丰富多彩的游戏，让幼儿在活动中学习，帮助幼儿巩固发音、联系词汇与实物，培养幼儿语言交往的机智和灵活性。25—30个月的幼儿开始学习使用完整句准确地表达思想，也能运用简单的语言与人交流，词汇量增长十分迅速，该阶段称为“复合句阶段”。在这一阶段，幼儿学习新词的积极性非常高，还会说出完整的句子，出现复合句，但是在表达方面容易出现“破句现象”。成人应该随时随地指导幼儿正确使用语言。

(4) 认知

在日常生活中，成人可以因地制宜地为幼儿创设良好的学习环境，为幼儿打开新知识的大门，激发幼儿的求知欲望，培养幼儿的发散思维和分析能力。25—30个月的幼儿已经对外界的事物产生了极大的兴趣，成人要多带领幼儿接触社会，扩大视野；多带幼儿到户外进行有益身体健康的活动，丰富幼儿的生活内容，让幼儿感受外部世界的多姿多彩。

(5) 社会情感

25—30个月的幼儿，社会交往能力还没有很好地形成。成人要注意观察并正确引导。如果幼儿提出要求，千万不要置之不理，这样可能让幼儿变本加厉地哭闹。幼儿习惯以自我为中心，从自己的需求和欲望出发去做事。如果幼儿能够向成人和同龄人表达情感，对人际交往感到舒适和自信，他们就会形成强烈的安全感和信任感。这对于这个阶段的幼儿来说是非常重要的。随着幼儿作为独立的个体越来越成熟以及自信的增强，表达自己不快的倾向也会增强。因此对于这个年龄阶段的幼儿来说，既不能对他们的试探行为过度放纵，也不应该完全压制，而是想方设法地保持平衡。

4. 亲子活动案例

(1) 感知与运动

【活动名称】蚂蚁回家

【适宜年龄段】25—30个月

【活动说明】

手膝着地爬，可以促进胼胝体的发育。手膝着地爬使得身体的两侧协同工作，包括手臂、腿、眼睛(双眼视觉)和耳朵(双耳听觉)。身体更充分地感受环境。

【活动目标】提高幼儿对身体的控制力，做到手膝着地爬。

【材料准备】用小桌子、小椅子在教室中布置出一条弯曲的小路，房子图片。

【活动流程】

(1) 教师情景引入。

教师出示手偶："小蚂蚁出门玩，忘了回家的路，请小朋友们帮助我。""我只记得我需要爬过弯弯曲曲的洞洞才能到家。""小朋友们，你们能陪我找到家么?"

(2) 请一名幼儿做示范，手和膝盖要在地面上，不能翘起小屁股，否则就不能通过了。

教师："谁第一个来帮助小蚂蚁呢?"

"××小朋友，你真棒！我们一起给他加油。"

"谢谢××小朋友帮助小蚂蚁找到回家的路，送给你一个小奖励吧。"

××小朋友："谢谢老师。"

(3) 亲子游戏。

教师："谁还想来帮助小蚂蚁呢?""这么多小朋友啊！那我们就一起排成队，有秩序地来帮助小蚂蚁找到回家的路吧!"

【教学建议】

(1) 游戏时，可以播放一些儿歌，提高幼儿爬行的兴趣。

儿歌《小蚂蚁回家》

小蚂蚁，真顽皮，
爬来爬去找食吃。
钻洞洞，爬山坡，

弯腰、低头、不碰绳，

我们帮它回家去。

(2) 指导家长专注幼儿的动作，及时纠正。

【家长配合】

(1) 家长需要在旁边指引幼儿爬行的路线。

(2) 提示幼儿爬行时要低头，不能翘屁股。

(3) 当幼儿爬过各种障碍时，一定要给幼儿鼓励。

【补充说明】

为了提升幼儿动作的协调性，家长可以坐在地上，用双腿支撑成拱形，让幼儿自己爬过去。

(2) 认知与语言

【活动名称】吃奶酪

【适宜年龄段】25—30个月

【活动说明】

25—30个月的幼儿处于分类能力发展的第一阶段。在这一阶段，幼儿经常倾向于按照事物的具体特性进行分类，把具有同样颜色或形状的物体放在一起，而不是把具有相同属性的物体分成一类。

【活动目标】正确辨认和说出常见的几种图形，会用拇指、食指捏物体。

【材料准备】玩偶一个，贴有不同卡通图形的奶酪盒，不同图形的小奶酪图片(玩具)。

【活动流程】

(1) 教师出示玩偶教具，情境引入。

教师："小猴宝宝的肚子好饿啊！它打开冰箱，发现了很多的奶酪。可是奶酪很乱，小猴宝宝也不知道吃哪个好了。请小朋友们帮助它把奶酪装在相应的盒子里吧！"

(2) 示范游戏玩法。

教师："首先，请小朋友们来看一看都有哪些形状的奶酪呢？"(正方形、三角形、长方形、圆形)"长方形的奶酪要放在长方形的奶酪盒子里；正方形的奶酪要放在正方形的奶酪盒子里；三角形的奶酪要放在三角形的奶酪盒子里；圆形的奶酪要放在圆形的奶酪盒子里。"

引导小朋友拇指和食指拿住奶酪放在相应的盒子里。

(3) 亲子游戏。

【教学建议】

(1) 活动开始前,可以请家长带一根奶酪棒,以备活动时听教师要求拿出使用。

(2) 教师示范前,要和幼儿互动,引导他们认识不同的形状,可以简单介绍一下图形的特征。

(3) 每次示范为奶酪分类时,要强调:“长方形的奶酪要放在长方形的奶酪盒子里……”

(4) 游戏结束后,为了鼓励幼儿,可以请家长拿出提前准备的奶酪给幼儿吃。

【补充说明】

幼儿认知常见形状的基础上,家长可以提供一些不同形状、不同颜色的卡片,丰富不同的指令,提高幼儿的思维能力。

(3) 情感与社会性

【活动名称】小司机

【适宜年龄段】25—30 个月

【活动说明】

25—30 个月的幼儿能够对他人的情绪或意图形成一定的理解,有了初步的规则意识,在同伴交往中也会采用语言或者动作影响同伴的行为,自我控制能力有所发展。

【活动目标】感受音乐带来的快乐,初步掌握简单的交通规则,能表达完整的话。

【材料准备】音乐(开汽车),呼啦圈,交通标志。

【活动流程】

(1) 音乐引入,吸引幼儿参与活动。

一位教师扮演司机开汽车,在幼儿和家长之间穿梭。另一位教师手持交通标志站在教室明显的位置。“司机”开到教室中间后停下。

(2) 教师引导。

“您好,我是小司机,欢迎乘坐我的车。请问您要去哪里?”

(幼儿:“我要去……”)

一位教师手持交通标志,幼儿根据不同的标志行驶。(红灯停,绿灯行,黄灯慢慢行)

“您好,到站了,请下车。”

(3) 亲子游戏。

【教学建议】

(1) 教师在音乐导入时需要强调“红灯停,绿灯行,黄灯慢慢行”。

(2) 每次游戏时,要提示家长与幼儿使用礼貌用语“请”“谢谢”。

(3) 按照交通标志行驶"车辆",遇到违反规则的幼儿要及时纠正。

【家长配合】

(1) 为了让幼儿能够完整表达,可以提示幼儿,或者给幼儿做示范,直到幼儿说完整为止。

(2) 及时对遵守游戏规则的幼儿进行鼓励。

【补充说明】

在日常出行时,家长可以引导幼儿注意生活中的各种交通标志,并了解它们的实际意义。

(八) 31—36 个月幼儿亲子活动的设计与指导

1. 主要发展指标

表 4-16　31—36 个月幼儿发展观察要点①

发育与健康	感知与运动	认知与语言	情感与社会性
● 36 个月时,平均身高男孩为 99.34 厘米,女孩为 97.71 厘米 ● 平均体重男孩为 15.43 千克,女孩为 14.90 千克 ● 平均头围男孩为 50.07 厘米,女孩为 49.28 厘米 ● 平均胸围,男孩为 51.64 厘米,女孩为 50.30 厘米 ● 视力标准为 0.6 ● 晚上能控制大小便,不尿床	● 能单脚站立(5—10 秒) ● 能双脚离地连续跳跃 2—3 次 ● 能双脚交替灵活走楼梯 ● 能沿着直线双脚交替行走 ● 能走一条短的平衡木,能跨过一定高度的障碍物 ● 能举起手臂,将球朝一定目标投掷 ● 能跟随音乐、儿歌做模仿操,动作较协调 ● 用积木、大积塑拼搭或插成物体,并尝试命名 ● 能模仿画圆、十字形 ● 会扣衣扣、穿袜子和简单的衣裤 ● 能正确使用汤匙,尝试用筷子	● 口数 6—10,口手一致数 1—5 ● 知道黄色、绿色,并能正确指认 ● 能分辨"里""外" ● 能用纸对折 ● 会问一些关于"是什么""为什么""是谁""在哪里"的问题 ● 在成人的引导下,理解故事主要情节 ● 认识并说出常见的物品、动物名称,词汇量较丰富 ● 运用字词的能力迅速增加 ● 能说出有几个词的复杂句子 ● 开始运用"你们""他们""如果""但是"等词 ● 知道一些礼貌用语,如"谢谢"和"请",并知道何时使用这些礼貌用语 ● 知道家里人的名字和简单的情况 ● 开始区别"一个"和"许多" ● 喜欢自己看图画书 ● 会回答简单的问题 ● 会解决简单的问题,如搬椅子、爬上去、取东西	● 清楚地知道自己是男孩还是女孩 ● 和同伴或家人一起玩角色游戏,如"过家家"游戏 ● 能和同龄小朋友分享,如把玩具分给别人 ● 害怕黑暗和动物 ● 兄弟姐妹或同伴之间会比赛和产生嫉妒 ● 会整理玩具,开始知道物归原处 ● 自己上床睡觉 ● 大吵大闹和发脾气已不常见,且持续时间短,开始能控制自己的情绪 ● 对成功表现出高兴的情绪,对失败表现出沮丧的情绪 ● 开始对故事里的人物投入感情,表达同情 ● 不愿改变已养成的生活习惯

2. 活动材料及活动内容

表 4-17　31—36 个月幼儿亲子活动材料及内容

模　　块	活　动　材　料	活　动　内　容
大运动技能	儿童自行车、皮球	骑车、平衡走、投掷皮球、攀爬
精细动作	纸	折小狗

① 上海市教育委员会.上海市 0—3 岁婴幼儿教养方案[M].上海：上海教育出版社,2008：34-36.

续 表

模　块	活　动　材　料	活　动　内　容
语言	绘本	亲子共读
认知	不同颜色和形状的积木	找宝藏(指认具体的形状或颜色)
社会情感	娃娃、小锅、碗	扮家家

3. 亲子活动指导

(1) 大运动技能

31—36个月的幼儿走、跑、跳等动作的灵活性逐渐增强,走路时双手交替自然,能跑得很平稳。成人可以多带幼儿参加户外的活动,如骑车、平衡走、投掷、攀爬等。活动内容可以增加挑战性,促进幼儿大肌肉的发展,使幼儿的动作更加协调、有控制性,从而帮助幼儿进一步体验运动的乐趣。

成人应利用生活中的环境,为幼儿提供自主上下楼梯、走小斜坡的机会,培养其自我安全保护意识和初步的环境适应能力。

(2) 精细动作

31—36个月的幼儿能操作、摆弄各种物品,如积木、珠子、纸、橡皮泥等玩具,小手运用自如,能使用多种技能。成人可以创设游戏情境,鼓励幼儿模仿画圆、画十字、玩折纸等。折纸的过程不仅练习捏、对齐、压平、展开等能力,也锻炼幼儿的空间想象能力、几何图形的认知能力。

生活是学习的源泉。成人可以鼓励幼儿做力所能及的事,为幼儿提供模仿成人做事的机会,帮助幼儿学习正确使用汤匙吃饭、穿简单衣裤袜子、扭纽扣、洗手擦脸、主动如厕等,增强幼儿的自理能力,为进入幼儿园的集体生活做好准备。

(3) 语言

31—36个月的幼儿语言调节能力增强,自言自语的现象减少,开始进入“语法敏感期”,能说出完整的句子,词汇量迅速增加,出现词句和复合句。此时,幼儿对新词充满兴趣,有很强的求知欲,喜欢问“为什么”“这是什么”。成人应提供丰富的语言学习环境,丰富幼儿的语言经验,与幼儿一起进行听说游戏,亲子讲述简短童话、故事、儿歌等。

语言是在生活运用中发展的。成人应注重榜样的作用,潜移默化地让幼儿习得初步的礼貌言行,引导幼儿用礼貌用语与人对话,鼓励幼儿学用普通话大胆表达自己的需求,为日后运用语言进行社会交往奠定良好的基础。

(4) 认知

31—36个月,是感觉和知觉发展日趋完善的阶段,处于前运算阶段的前概念阶段,是想象的萌芽期。成人可以支持幼儿通过看、听、摸、闻……运用多种感官丰富感性知识；引导幼儿觉察、指认颜色、形状、时间(昼夜)、空间(上下、内外)等明显的差异，拓展生活经验，开阔视野；鼓励幼儿跟着音乐唱唱跳跳，用声音、动作、涂画、粘贴等多种方式表达自己的感受。

成人可以在日常注重有针对性的认知教育，培养幼儿良好的学习品质，提升幼儿的注意力、思维能力、想象力、创造力等。这些能力对幼儿以后的生活、学习有着重要的作用。

(5) 社会情感

31—36 个月的幼儿即将进入幼儿园，要脱离家庭和主要照护者到一个陌生的环境中生活、游戏、学习。第一次从家庭走入社会，幼儿会出现分离焦虑现象。成人应多带幼儿接触不同类型的环境，扩大视野，丰富生活经验，或以游戏扮演的方式为幼儿进入幼儿园做好心理、生理的准备，提高幼儿的社会适应能力。

4. 亲子活动案例

(1) 感知与运动

【活动名称】彩色的雨

【适宜年龄段】31—36 个月

【活动说明】

31—36 个月的幼儿对色彩比较敏感，能模仿画圆、十字形等。游戏“彩色的雨”帮助幼儿用竖线、画圈的方式进行涂鸦，有助于幼儿学习正确的握笔姿势，锻炼手指肌肉的控制力。

【活动目标】

(1) 能大胆涂鸦，会画短线、画圈。

(2) 学习正确的握笔姿势。

【材料准备】红色、黄色、蓝色、绿色的油画棒，有背景的画纸若干。

【活动流程】

(1) 欣赏图片故事。

教师：“滴答，滴答，下雨啦！小雨细细的，长长的，落在小花上，小花变红了。小雨细细的，长长的，落在小草上，小草变绿了。小雨细细的，长长的，落在小池塘里，小池塘变出漂亮的小圈圈。”

(2) 教师示范。

教师提问：“小雨是什么样的？”(引导幼儿说出“细细的，长长的”)

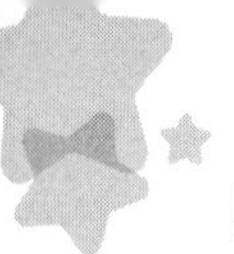

教师示范握笔姿势:“小手变出小手枪,小小画笔靠虎口,两手指头碰头,中指乖乖低下头。”

出示背景图,教师模拟小花口吻,说:“细细的,长长的,小雨、小雨快下吧!”(教师请个别幼儿在大的背景图上用彩色笔画小竖线)

教师:“哇!彩色的小雨,变出了红色的花,黄色的花,蓝色的花。小雨落在池塘里变出了小圈圈。”

(3) 亲子互动。

家长出示大背景图,引导幼儿选择自己喜欢的颜色画竖线,画圈圈。

教师鼓励幼儿向家人或同伴介绍自己画了什么颜色的小雨。

【教学建议】

(1) 教师向家长介绍活动设计的目标。

(2) 活动中,可以播放下雨的背景音乐,让幼儿身临其境。

(3) 可以请 2—3 个小朋友一组完成一幅作品,让幼儿体验与同伴一起绘画的乐趣。

(4) 绘画的材料可以是油画棒,也可以是水粉等材料。

(5) 绘画中,教师要关注幼儿的握笔姿势,帮助幼儿掌握画竖线和圆的技能。

【家长指导】

(1) 教师在提问时,家长鼓励幼儿学说故事中的话。

(2) 如果幼儿在开始绘画时不敢下笔,家长可以握着幼儿的手,丰富幼儿画竖线、画圈的经验。

(3) 家长可以用故事中的语言提示幼儿绘画。

【补充说明】

家长可以在家中创设幼儿涂鸦墙,鼓励幼儿大胆用画笔绘画。下雨天,家长可以带幼儿打伞或者让幼儿穿着小雨衣、雨靴体验下雨天的乐趣。

(2) 认知与语言

【活动名称】小超市

【适宜年龄段】31—36 个月

【活动说明】

31—36 个月的幼儿已经基本掌握语言系统和基本语法规则,具有一定词汇量和一定语言运用技能。幼儿的语感已经开始形成,能够运用语言进行日常交际。“小超市”游戏通过游戏场景,培养幼儿的语言表达能力和交往能力。

【活动目标】

(1) 认识并说出常见的物品、水果名称。

(2) 能用较丰富的词汇量表达自己想购买的物品。

【材料准备】一系列的日常生活用品和水果蔬菜。

【活动流程】

(1) 导入小超市话题。

教师："宝宝们，告诉你们一个好消息，小熊超市开业啦！我们一起看看里面有什么吧！"

(2) 引导幼儿观察货架上的物品，鼓励幼儿说出是什么，什么颜色，用来干什么的，例如，香皂，白色的，用来洗手的；苹果，红色的，用来吃的……

(3) 游戏"小超市"。

教师："宝宝们，欢迎到小超市来购物哦！"

教师当售货员，幼儿依次来购买物品。购买时，要说出商品名称、颜色和用途。(玩这个游戏前，家长可以先带幼儿到超市仔细观察，看看超市都有哪些物品)

(4) 游戏可以重复玩多次，可以邀请幼儿来当售货员。

(5) 收拾整理，邀请幼儿把物品归回原处。

【教学建议】

(1) 教师介绍游戏设计的目的。

(2) 提供丰富的游戏材料，创设游戏的情景，激发幼儿活动的兴趣。

(3) 把生活中的规则渗透在游戏中。例如，教师通过与幼儿互动，提示幼儿排队购买，学会等待。

【家长配合】

(1) 游戏中，家长可以事先询问幼儿要买什么，引导幼儿用完整的语言表达，在和教师的互动中增强幼儿的成就感。

(2) 家长对幼儿大方与人交往的行为要及时进行肯定。

【补充说明】

游戏是幼儿最喜欢的活动之一。在家中，家长可以和幼儿一起进行扮演类游戏，如"小超市""娃娃家""小医院"等，在游戏的情景中促进幼儿语言和社会情感的发展。

(3) 情感与社会性

【活动名称】玩具宝宝要回家

【适宜年龄段】31—36个月

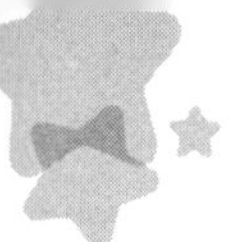

【活动说明】

31—36个月的幼儿会整理玩具，开始知道物归原处。“玩具宝宝要回家”游戏中，教师可以创设自由游戏的区域，引导幼儿自主拿取喜欢的玩具，知道玩过后要将玩具物归原处，培养幼儿良好的行为习惯，为入幼儿园做准备。

【活动目标】知道玩过的玩具要收起来。

【材料准备】绘本《收起来》、玩具柜、桌子、椅子、各种玩具。

【活动流程】

(1) 导入话题。

① 教师：“小熊的玩具好多呀！有什么呀？”(引导幼儿看图片说一说)“小汽车、积木、拼图、娃娃、球……”

② 教师：“玩好了，小熊要走了。小汽车说：‘收起来，收起来。’积木说……”(引导幼儿学说“收起来，收起来”)

③ 教师：“玩过的玩具要……”(收起来)

(2) 介绍区域中的材料。

① 教师：“小熊给宝宝带来了好多玩具。你们看，有什么？”(引导幼儿说一说)“串珠、积木、钓鱼板、扣链……”

② 教师：“宝宝可以选择自己喜欢的玩具。玩具不玩了，要怎么样？”(收起来)

(3) 幼儿自由活动，教师引导幼儿把不玩的玩具“送回家”。

【教学建议】

(1) 教师向家长介绍活动设计的目的。

(2) 玩具柜上贴有玩具照片。自由活动后，教师引导幼儿将玩具归回原处。教师可以使用“宝宝送错了”等提示语引导幼儿看图片放相应玩具。

(3) 自由活动区域中提供的玩具都是幼儿熟悉、操作过的玩具。

(4) 幼儿在游戏中可能发生争抢行为，教师要引导幼儿轮流、等待或用语言和同伴商量。

【家长配合】

(1) 家长应鼓励幼儿与教师进行语言互动。

(2) 游戏中，家长可以引导幼儿和同伴交换玩具。

(3) 幼儿在收拾玩具时，家长可以引导其观察玩具图片，看看玩具与图片是否一致。

【补充说明】

家中的玩具摆放应有固定的地方，有图片标识。玩具玩好后，提醒幼儿要收起来，培养幼儿收拾整理的习惯。

三、亲子活动教学范例

教师应遵循0—3岁婴幼儿的年龄特点、发展目标设计亲子活动，科学地抓住婴幼儿成长的各个阶段的敏感期，关注运动技能、精细动作、社会情感、语言、认知、艺术五大领域。亲子活动总时长一般为60分钟左右，过程中注重动静交替。婴幼儿的有意注意时间有限，每一个活动控制在5—10分钟为宜。亲子活动形式多样，整合了婴幼儿所喜欢的不同类型，如做游戏、看表演、听故事、念儿歌、看图片或图书、操作玩具、唱歌、拍打节奏、模仿成人和同伴做事等。亲子活动中，教师应调动每个人的积极性，引导婴幼儿、家长积极参与活动，使其体验到亲子活动的快乐和意义，丰富家长的教养经验。

以下列举的亲子教学活动案例，分为“问候歌”“哆来咪”“聪明屋”“运动嗨”“亲子乐”“欢乐摇”“再见歌”七个板块，七个板块渗透五大领域。板块的顺序及板块的名称，教师可以自主设计。

（一）案例一

【年龄段】13—18个月（共约60分钟）

【活动设计说明】

亲子活动的设计基于婴幼儿各阶段发展的特点，在各板块的游戏中渗透不同领域的目标。13—18个月的幼儿，在大动作方面，能稳步行走，能自己蹲，不扶物就能复位。因此，“运动嗨”板块设置了游戏“捡果果”帮助幼儿练习下蹲复位，锻炼腿部力量。精细动作方面，13—18个月的幼儿发展迅速。“聪明屋”板块通过“毛毛虫”撕贴活动发展幼儿的手眼协调能力和小手灵活性。语言方面，幼儿已经开口说话，在“问候歌”板块，教师和家长鼓励幼儿接说“你好”。“哆来咪”“欢乐摇”板块有韵律的儿歌、歌曲，都是促进幼儿语言发展的素材。“围个圆圈走走”游戏帮助幼儿在与教师、同伴的互动中，提升交往意识，体验共同游戏的快乐。

1. 问候歌（8分钟）

【活动名称】大家好

【活动目标】

(1) 尝试用接说“你好”的方式来打招呼。

(2) 愿意和手偶抱一抱、握握手。

【活动准备】手偶，小贴花

【活动流程】

(1) 播放歌曲《坐下来》。

引导家长和幼儿面向教师围坐成半圆。

(2) 播放歌曲《你好,宝宝》。

教师跟随音乐范唱,在最后一句说“你好”时,教师说“你”,引导幼儿接说“好”。

(3) 播放歌曲《找朋友》。

① 教师拿手偶,边唱边走向幼儿,唱到最后一句时,用手偶和幼儿抱抱或握握手。

② 幼儿自我介绍(月龄较小还不会说话的幼儿可以由家长介绍)。

③ 教师引导大家一起鼓掌,表示欢迎。

④ 教师送给幼儿小贴画作为表扬、鼓励。

【教学建议】

(1) 歌曲《坐下来》可在过渡环节中使用一学期。

(2) 如果幼儿不愿意和手偶抱抱,教师可以拿手偶先和家长抱抱、握握手,给幼儿示范。

(3) 奖励时,可以请幼儿自由选择贴画或由家长代选。

【家长配合】

(1) 参与亲子活动初期,家长可以盘腿坐,让幼儿面向教师坐在自己的怀里,给予幼儿安全感。如果幼儿情绪不稳定,可先带幼儿在旁观看活动,等幼儿情绪稳定了再参与活动。

(2) 演唱《你好,宝宝》的最后一句“你好”时,家长要和幼儿一起接说“好”,给幼儿一个示范。

【附录:自编歌曲】

坐下来

1=C 2/4

5 3 3 3 | 5 3 3 3 | 5 5 6 6 | 5 - | 5 3 3 3 |
坐 下 来 呀,坐 下 来 呀,宝 宝 坐 下 来, 坐 下 来 呀

5 3 3 3 | 2 2 3 2 | 1 1 | 1 - ‖
坐 下 来 呀,围 成 半 圆,坐 下 来。

你好,宝宝

1=C 2/4

1 2 | 3 4 | 5 - | 5 4 | 3 2 | 1 - | X - | X - ‖
大 家 说 你 好, 宝 宝 说 你 好。 你 好!

2. 哆来咪(10分钟)

【活动名称】拍小手

【活动目标】

(1) 感知四二拍的节奏。

(2) 愿意跟着音乐做拍手、伸手、藏等动作。

【活动准备】摇铃

【活动流程】

(1) 拍小手。

教师:“宝宝的小手在哪里? 一起拍拍手。我的小手拍呀,拍呀,拍呀。”(引导幼儿有节奏地拍手)

(2) 听口令做动作。

教师跟随《小手拍拍》的音乐,有节奏地念自编歌词,引导家长协助幼儿尝试跟着歌词做动作,自编歌词如下。

我的小手拍呀,拍呀,拍呀。我的小手伸出来。

我的小手拍呀,拍呀,拍呀。我的小手藏起来。

我的小手变呀,变呀,变呀。我的小手变出来。

我的摇铃摇呀,摇呀,摇呀。我的摇铃摇一摇。

(3) 鼓励幼儿跟着音乐做相应的动作。

教师:“我们跟着音乐来拍拍小手,变一变。”

(4) 演奏小摇铃。

教师:“小摇铃,来唱歌,跟着音乐一起摇呀,摇呀,摇呀。”

【教学建议】

(1) 教师在发出口令的时候,可以变化节奏,增加活动的趣味性。

(2) 幼儿熟悉了动作后,教师可变换其他动作,如“我的小手摇一摇”“我的小手举高高”,也可以加上乐器,如“我的摇铃摇一摇”等。

【家长配合】

(1) 家长鼓励幼儿根据教师的口令做相应的动作。

(2) 活动中,家长和教师一起唱,让幼儿感受欢乐的活动氛围。

3. 聪明屋(10分钟)

【活动名称】毛毛虫

【活动目标】能用食指和拇指撕贴“毛毛虫”,锻炼手指的精细动作。

【材料准备】“毛毛虫”(小长条的即时贴)若干,小筐人手一个。

【活动流程】

(1) 情景导入,激发幼儿的活动兴趣。

① 教师:“小手小手拍拍,变变变,变成毛毛虫。”(伸出食指弯一弯,鼓励幼儿进行模仿)

② 教师:“毛毛虫,爬呀爬,爬到鼻子上/肚皮上/肩膀上/头顶上……”(引导幼儿听口令做动作)

(2) 教师出示材料示范游戏的玩法。

① 教师:“毛毛虫,爬呀爬,爬到我的肩膀上,爬呀爬,爬到我的肚皮上。”(边说边将准备好的即时贴“毛毛虫”往身上不同的部位贴)

② 请个别幼儿将“毛毛虫”贴到教师的身上,或贴到自己的身上。

③ 教师示范将“毛毛虫”撕下来。

教师:“毛毛虫,要回家,小手小手变变变,变出小手枪,两指捏一捏(教师伸出大拇指和食指),撕下‘毛毛虫’,把它‘送回家’。”

④ 请个别幼儿将“毛毛虫”撕下来。

(3) 亲子游戏。

① 家长引导幼儿先将筐中的即时贴贴到幼儿或者家长身体的不同部位,每贴一处都要说出身体部位的名称。

② 幼儿用食指和拇指将“毛毛虫”撕下来放进小筐中。

(4) 游戏结束,家长请幼儿将小筐送还给教师。

【教学建议】

(1) 教师介绍游戏的目标。

(2) 玩游戏时,教师关注幼儿撕贴的动作,鼓励幼儿用大拇指和食指去撕贴。

【家长配合】

(1) 游戏中,如果幼儿撕贴有困难,家长可以将“毛毛虫”即时贴揭开一个小角,引导幼儿顺着小角撕和贴,降低游戏的难度,给予幼儿成功的体验。

(2) 游戏中,家长应鼓励幼儿积极和教师进行互动游戏。

【中场休息】(5 分钟)

幼儿喝水、如厕。

4. 运动嗨（10分钟）

【活动名称】捡果果

【活动目标】练习下蹲复位，锻炼腿部力量。

【活动准备】

(1) 材料：各色海洋球若干。

(2) 场地布置：将一个体操垫和一个钻爬隧道连接摆放，摆成平行的两条路。

【活动流程】

(1) 情景导入。

① 教师："宝宝们，前面有好多小果子(海洋球)，毛毛虫好饿呀，帮毛毛虫捡好吃的果子吧！"

② 教师示范游戏。

教师："宝宝们爬过小山洞，就可以看见小果子。蹲下捡一个果子，走过彩虹小路送给毛毛虫吧！"

(2) 亲子游戏。

教师引导家长带幼儿从起点排队开始爬。

(3) 游戏结束。

教师："宝宝们，你们可真棒！帮助毛毛虫捡了这么多好吃的果子，谢谢你们。"(引导幼儿说："不用谢。")

【教学建议】

(1) 游戏时，教师可以播放一些有节奏的音乐，活跃游戏的氛围。

(2) 教师关注幼儿蹲下复位的动作，及时鼓励幼儿。

【家长配合】

(1) 爬钻爬隧道时，家长可以在大直通的另一头等待幼儿，鼓励幼儿独立地从钻爬隧道里爬过。

(2) 幼儿找到"果子"后，家长要引导幼儿从另一条路回去。

5. 亲子乐（8分钟）

【活动名称】毛毛虫

【活动目标】发展幼儿的平衡能力，增进亲子间的交流。

【活动准备】仿真娃娃一个

【活动流程】

(1) 幼儿面向家长，骑坐在家长腿上。

(2) 教师用仿真娃娃示范。

(3) 家长跟着教师的节奏一起念儿歌,带幼儿玩游戏。

(4) 家长和幼儿共同游戏。

儿歌《毛毛虫》:

毛毛虫,毛毛虫,清早出门找小虫。(家长将幼儿抱坐在膝盖上,手扶着幼儿的腋下,随儿歌节奏屈膝起伏)

爬呀爬,爬到山上望一望。(家长将幼儿抱坐在膝盖上,随儿歌屈膝起伏)

爬呀爬,爬到花前不再爬。(家长将幼儿抱坐在膝盖上,随儿歌屈膝起伏)

是休息? 是看花?(家长将幼儿抱坐在膝盖上,随儿歌屈膝起伏)

啊! 前面有只大青蛙。(家长将幼儿抱坐在膝盖上,随儿歌屈膝起伏)

叽里咕噜滚下山。(从屈膝最高处让幼儿快速平躺下来,挠挠幼儿的腋下或者小肚皮)

【教学建议】

(1) 教师可以邀请幼儿与自己进行互动游戏。

(2) 念儿歌时,语速根据儿歌的内容有节奏地变化,增强趣味性。

(3) 关注幼儿的安全,提醒家长动作幅度不宜过大。

【家长配合】

(1) 家长也可以让幼儿面向大家一起玩游戏。

(2) 游戏中,家长和教师一起有节奏地边念儿歌边玩游戏。

6. 欢乐摇 (5分钟)

【活动名称】围个圆圈走走

【活动目标】乐意在家长的帮助下跟着口令做相应动作。

【活动准备】音乐《换个圆圈走走》

【活动流程】

(1) 教师解释游戏玩法。

教师:"家长们、宝宝们间隔手拉手站成圆圈,边唱歌边顺着圆圈方向走动,听歌词迅速做出转圈、蹲下、站起来等动作。"

歌词:绕个圆圈走走,绕个圆圈走走,绕个圆圈走呀走呀看谁最先××。

(2) 教师、家长、幼儿共同游戏。

【教学建议】

(1) 教师在唱最后一句"看谁最先××"时,在"看谁最先"之后稍作停顿,以增强游戏的趣味性和游戏的神秘感。

(2) 可以有重点地根据幼儿的年龄特点，练习不同动作，如蹲下等。

【家长配合】

家长可以用语言和自己的示范动作引导幼儿听口令做动作。

7. 再见歌(5分钟)

【活动名称】再见，宝宝

【活动流程】

(1) 教师引导家长、幼儿和自己一起唱《再见，宝宝》，唱完，幼儿和老师、同伴说“再见”。

(2) 教师赠送小贴纸，肯定幼儿的表现。

(3) 家长配合：家长自己要和教师说“再见”，鼓励幼儿也说“再见”。

【附录：自编歌曲】

再见，宝宝

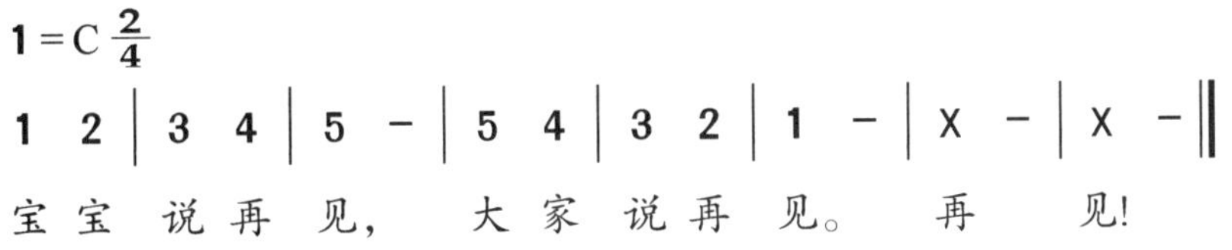

$1=C\ \frac{2}{4}$

1 2	3 4	5 –	5 4	3 2	1 –	X –	X – ‖
宝 宝	说 再	见，	大 家	说 再	见。	再	见！

(二) 案例二

【年龄段】25—30个月(约60分钟)

【活动设计说明】

兴趣是婴幼儿学习与探索的永恒动力。亲子活动的内容应注重婴幼儿的兴趣、生活。车是婴幼儿生活中常见、常接触的交通工具。许多幼儿喜欢模仿爸爸开汽车，喜欢玩各种关于车子的玩具。教师可以根据婴幼儿的兴趣、年龄特点，围绕“车”的主题设计亲子活动。在游戏的情境中，婴幼儿可以模仿开汽车练习自如地走、跑。教师可以引导婴幼儿随着音乐节奏做模仿动作，跟唱简单的歌曲。家长可以鼓励婴幼儿辨别生活中常见的车，在游戏中了解车的外形特征，根据声音的特点辨别各种车，用拼图拼各种车，丰富婴幼儿的多种认知经验。

1. 问候歌(8分钟)

【活动名称】早上好

【活动目标】乐意在集体面前大方介绍自己：“大家好，我叫×××。”

【活动准备】小贴花

【活动流程】

(1) 播放歌曲《坐下来》。

家长提醒幼儿听到音乐后主动坐下来拍手。

(2) 播放问候歌《早上好》。

教师随音乐边唱边做动作。

(3) 点名游戏。

【教学建议】

(1) 为了增加活动的趣味性，播放歌曲《早上好》时，教师可以引导幼儿用小手模仿大喇叭，用响亮的声音打招呼；用小手模仿小喇叭，用轻柔的声音打招呼。

(2) 点名环节，教师提醒幼儿用完整的语言介绍自己："大家好，我叫×××。"

【家长配合】

问候歌环节，旋律简单，家长幼儿一起唱，烘托快乐的氛围。

【附录：自编歌曲】

坐 下 来

1=C $\frac{2}{4}$

1 2 3 4 | 5 5 5 | 4 4 4 | 3 3 3 | 1 2 3 4 | 5 5 3 3 |

宝 宝 宝 宝，坐 下 来，坐 下 来，坐 下 来。宝 宝 宝 宝，拍 拍 小 手，

4 4 2 2 | 1 3 | 1 – ‖

拍 拍 小 手，坐 下 来。

早 上 好

1=C $\frac{2}{4}$

1 1 | 1 2 3 | 3 2 3 4 | 5 – | 1̇ 1̇ | 5 5 |

宝 宝，早 上 好！妈 妈，早 上 好！ 你 好，你 好，

3 3 | 1 1 | 5 4 3 2 | 1 – ‖

你 好，你 好，大 家 说 你 好。

2. 哆来咪（10分钟）

【活动名称】小司机

【活动目标】

(1) 跟唱歌曲《小司机》。

(2) 能按节奏模仿开汽车按喇叭的动作。

【活动准备】音乐、红绿灯、每人一个方向盘(塑料圈)

【活动流程】

(1) 教师出示方向盘,有节奏地念歌词。

教师:“小汽车呀真漂亮,真呀真漂亮,嘟嘟嘟嘟,嘟嘟嘟,喇叭响。我是汽车小司机,我是小司机,手按喇叭嘀嘀嘀嘀嘀嘀。”

教师:“小司机怎么开车?”(引导幼儿边模仿开汽车的动作边跟说歌词)

(2) 教师示范唱。

① 教师示范演唱。

② 教师:“我是怎么按喇叭的呀！小手掌也来试一试。”(引导幼儿模仿按喇叭的动作)

X X X X | X X X | X X | X – ||

嘀 嘀 嘀 嘀 嘀 嘀 嘀 嘀 嘀 嘀

(3) 幼儿完整表演歌曲(2—3 遍)。

【教学建议】

(1) 教师带领幼儿根据节奏按喇叭。

(2) 幼儿跟唱环节,音乐节奏慢一些。

(3) 熟悉音乐后,幼儿可以站起来围成圈,边唱边模仿开汽车进行表演。

【家长配合】

(1) 开始阶段,家长可以适当地拉着幼儿的手臂,帮助幼儿感知按喇叭的节奏。等幼儿熟悉后,家长可以让幼儿自己尝试按照节奏按喇叭。

(2) 家长可以在幼儿身后当乘客,丰富游戏的情境性。

3. 聪明屋(10 分钟)

【活动名称】拼汽车

【活动目标】观察汽车的特征,能拼 2—3 块汽车拼图。

【活动准备】

各种汽车玩具:公交车、出租车、警车、消防车、洒水车。

人手两种拼图:公交车、出租车、警车、消防车、洒水车(每种拼图 2—3 块)。

【活动流程】

(1) 情景导入,激发幼儿的兴趣。

教师:“今天来了许多汽车朋友,看,什么车开来了? 嘀,嘀,谁来了?”(公交车)“公交车身子长。”

教师:“嘀嘀嘀嘀,谁来了?”(出租车)“出租车是什么颜色的?”(黄颜色)

教师:(警车声音)“看,什么车开来了?”(警车)“警车是什么颜色?”(白色)“白色警车!”

教师:(消防车声音)“宝宝瞧一瞧,什么车来了?”(消防车)“红色消防车。”

教师:(洒水车声音)“宝宝瞧一瞧,什么车来了?”(洒水车)“会喷水的洒水车。”

(2) 游戏“汽车躲猫猫”。

教师:“汽车躲猫猫,宝宝把眼睛闭上!”(教师悄悄拿走一辆车)“宝宝,什么车不见了?”(本游戏玩 3—4 遍)

(3) 拼汽车。

① 教师:“小汽车和我们玩捉迷藏呢! 请你们快快找出来,拼一拼。”

② 教师介绍游戏玩法。

教师(出示消防车的一块拼图):“这是什么颜色的汽车? 老师手里只有汽车的头部。汽车的身体在哪里呢? 快快找出来,拼一拼。”

③ 亲子游戏。

教师:“还有许多小汽车,也请宝宝们快来拼一拼。”

【教学建议】

(1) 在认识各种汽车的环节,教师可以出示每一种车子,先让幼儿说说它是什么车。教师也可以根据汽车的颜色或者功能引导幼儿指认汽车。

(2) 拼汽车环节中,教师可以请一位幼儿找颜色一样的拼图,拼一拼。

(3) 游戏中,教师和家长可以鼓励幼儿拼好后与好朋友交换拼图,来拼一拼不同的车。

【家长配合】

(1) 家长应鼓励幼儿多和教师互动,回答教师的问题。

(2) 幼儿在拼图的过程中,如果遇到困难,家长可以请幼儿转动拼图,尝试拼完整。

【中场休息】(5 分钟)

幼儿喝水、如厕。

4. 运动嗨 (10 分钟)

【活动名称】能干的小司机

【活动目标】

(1) 练习走、跑、跨、钻,促进大动作的协调性。

(2) 知道交通规则:绿灯行,红灯停。

【活动准备】响铃圈、红绿灯标志、障碍物瓶子、平衡木、拱门

【活动流程】

(1) 情景导入活动。

教师:“嘀嘀嘀,我是汽车小司机。”(教师手拿响铃圈,一边说一边模仿开汽车的动作)

(2) 出示红绿灯标志。

教师提问:(出示红灯)“小司机看到红灯时要怎样?”(要停)“小司机看到绿灯时要怎样?”(可以行驶)

(3) 幼儿和教师一起念儿歌《红灯停,绿灯行》。

教师:“小司机要知道,红灯停,绿灯行,看见黄灯等一等,交通规则要遵守。”

(4) 游戏“汽车小司机”。

① 出示响铃圈方向盘。

教师:“宝宝们,你们也来当能干的小司机吧!”(鼓励幼儿排好队拿方向盘)每名幼儿手拿汽车方向盘扮演小司机,按路线通行,家长是乘客。

② 教师出示红灯,幼儿原地不动。(教师鼓励幼儿和自己一起倒数3、2、1)。教师出示绿灯时,幼儿在场地四处跑动。

③ 出示障碍物(教师进行场地布置)。

教师:“小司机们,前面有障碍,要绕过障碍;前面有山洞,要弯腰钻过山洞;前方有小桥,要减速慢行……”(教师可以带着幼儿走一次)

④ 开汽车倒走。

教师:“小司机们,前面路堵了,我们一起倒车!”(鼓励幼儿倒着走)“倒车请注意!倒车请注意!”(鼓励幼儿跟说)

⑤ 停靠汽车。

教师:“小司机们,到终点了!大家把汽车开到停车场吧!”(请幼儿把方向盘有序交还给老师)

【教学建议】

(1) 教师向家长介绍活动目标。

(2) 活动中,教师可以创设游戏的情景,幼儿扮演小司机,让活动充满趣味性。

(3) 教师可以根据现场情况以及幼儿的兴趣,逐步丰富情节,引导幼儿倒走、绕障碍跑。

教师可以先示范，鼓励幼儿尝试。

【家长配合】

（1）在游戏中，家长可以充当乘客的角色跟在幼儿的后面，增强游戏的情境性。

（2）游戏过程中，家长可以引导幼儿注意按信号灯、听指令做游戏。游戏中，家长要提醒幼儿，“开车”时注意安全，不与他人碰撞。

5. 亲子乐（8分钟）

【活动名称】亲子阅读《车来了》

【活动目标】听完故事，幼儿能说出故事讲了什么人、什么事，自己是不是喜欢这个故事。

【活动准备】《车来了》绘本人手一本

【活动流程】

（1）引起幼儿对绘本的兴趣。

教师：“《车来了》，宝宝猜猜，这是一辆什么车？”（介绍图书的封面）

（2）阅读绘本，感受翻夹页的乐趣。

教师提问：“谁要去百货商店？”“车的司机是谁？”“上车时能插队吗？”“谁在第四站上车？”“在车上能乱叫乱动吗？”“老爷爷、老奶奶上车后发生了什么事？”“下车后应怎样过马路？”“他们到百货商店干吗了？”

（3）亲子阅读。

家长引导幼儿看绘本的画面，说说画面的内容。

【教学建议】

教师可以启发幼儿翻书寻找答案，指导幼儿翻内页上贴片的方法：观察开口方向，向一边轻轻翻，阅读后再恢复成原样。

【家长配合】

（1）家长可以放手让幼儿独立地、按顺序地翻阅绘本，引导幼儿细致地观察绘本画面。

（2）提醒幼儿爱护绘本，不要将页面撕坏。

（3）亲子阅读时，家长可以鼓励幼儿说说画面上的内容。

6. 欢乐摇（5分钟）

【活动名称】彩虹伞

【活动目标】乐意和同伴一起玩“彩虹伞”游戏，体验“彩虹伞”游戏的快乐。

【活动准备】彩虹伞一把

【活动流程】

(1) 游戏“颜色跑跑跑”。

教师介绍游戏玩法：请每位家长和幼儿选择彩虹伞上自己喜欢的颜色，抓住彩虹伞的边缘站好，一起拉着彩虹伞转圈圈，听到口令“×颜色，跑跑跑”，手拿相应颜色的幼儿、家长就要快速地离开彩虹伞，围着彩虹伞跑一圈。

(2) 游戏“大风小风”。

教师介绍游戏玩法：请每位家长和幼儿选择彩虹伞上自己喜欢的颜色，抓住彩虹伞的边缘站好。听到口令“刮风了”，大家一起抖动彩虹伞；听到口令“刮大风了”，大家使劲抖一抖彩虹伞；听到口令“风变小了”，轻轻地抖动彩虹伞；听到口令“下雨了”，大家一钻进彩虹伞里，家长手拿彩虹伞边缘贴地，彩虹伞变成“蒙古包”；听到口令“天晴了”，大家一起从彩虹伞下出来。

【教学建议】

(1) 抖动彩虹伞的高度不要超过幼儿头部的高度，否则幼儿就容易抓不住彩虹伞。

(2)“下雨了”环节中，教师可以引导幼儿在伞下跳一跳，拍伞顶，增加趣味性。

【家长配合】

(1) 家长带着幼儿尽量均匀地分布在彩虹伞的周围。

(2) 家长引导幼儿仔细听口令玩游戏。

7. 再见歌（3分钟）

幼儿较完整地演唱《再见歌》，幼儿跟着教师边唱《再见歌》边和同伴说再见。

【附录：自编歌曲】

再　见　歌

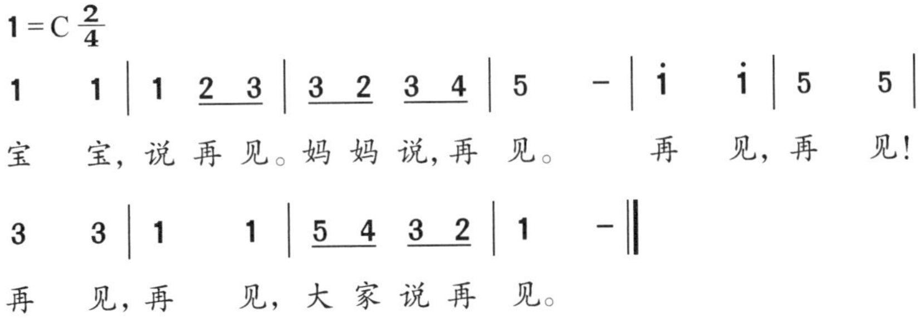

1＝C $\frac{2}{4}$

1 1 | 1 $\underline{2\ 3}$ | $\underline{3\ 2}$ $\underline{3\ 4}$ | 5 － | $\dot{1}$ $\dot{1}$ | 5 5 |

宝 宝，说 再 见。妈 妈 说，再 见。 再 见，再 见！

3 3 | 1 1 | $\underline{5\ 4}$ $\underline{3\ 2}$ | 1 － ‖

再 见，再 见，大 家 说 再 见。

（三）案例三

【年龄段】31—36个月（约60分钟）

【活动设计说明】

幼儿喜欢过节，喜欢体验节日的氛围。教师在活动设计过程中可以充分利用传统节日、

社会性节日的资源，如母亲节、父亲节、儿童节、端午节、中秋节等，以及二十四节气等，利用节日、节气文化设计婴幼儿喜欢的体验活动。本案例中的活动根据中国传统习俗、幼儿的年龄特点，以“过新年”为主题，在热闹的氛围中，引导幼儿通过贴一贴、画一画、说一说、做一做、玩一玩，在实际的体验中感受传统节日的习俗，体验和同伴一起迎接新年的快乐。

1. 问候歌（8分钟）

【活动名称】大家好

【活动目标】

（1）愿意跟唱问候歌《大家好》。

（2）能在集体面前熟练地说出：“大家好，我叫×××，今年我×岁。”

【活动准备】小贴花

【活动流程】

（1）游戏“坐下来”。

教师播放自编歌曲《坐下来》，鼓励幼儿听到音乐后主动坐下来跟唱拍手。

（2）游戏“大家好”。

教师根据《新年好》的旋律范唱歌曲《大家好》，鼓励幼儿、家长一起唱，并请幼儿在演唱中主动和旁边的同伴打招呼。改编后的歌词如下：大家好呀，大家好呀，我们相聚在这里。我们唱歌，我们跳舞，大家一起真快乐！

（3）点名游戏“宝宝在哪里”。

鼓励幼儿主动走到大家面前大声说：“大家好，我叫×××，今年×岁。”

【教学建议】

教室里贴窗花、贴对联、挂灯笼，营造热热闹闹的过年氛围。

【家长配合】

家长给幼儿穿上喜气洋洋的中式服装参加亲子活动。

【附录：自编歌曲】

坐　下　来

1＝C $\frac{2}{4}$

1 2 3 4 | 5 5 5 | 4 4 4 | 3 3 3 | 1 2 3 4 | 5 5 3 3 |

宝 宝 宝 宝，坐 下 来，坐 下 来，坐 下 来，宝 宝 宝 宝，拍 拍 小 手，

4 4 2 2 | 1 3 | 1 – ‖

拍 拍 小 手，坐 下 来。

2. 哆来咪(8分钟)

【活动名称】新年好

【活动目标】

(1) 学唱歌曲《新年好》,感受三拍子的旋律。

(2) 同伴间互相祝福,感受新年带来的快乐。

【活动准备】铃鼓

【活动流程】

(1) 教师范唱《新年好》。

教师:"新年好呀,新年好呀,祝福大家新年好!我们唱歌,我们跳舞,祝福大家新年好!"(教师和幼儿说"祝福大家新年好",鼓励幼儿完整学说)

(2) 幼儿学唱歌曲《新年好》。

(3) 教师出示乐器铃鼓。

① 教师:"我是小铃鼓,我也爱唱歌。"教师使用铃鼓:拍 摇摇|拍 摇摇。

② 幼儿用小铃鼓集体演奏。

(4) 送祝福。

幼儿一边唱歌一边和同伴互相说"新年好"。

【教学建议】

(1) 幼儿学唱时,音乐速度要放慢。

(2) 教师可以边唱边做动作,帮助幼儿记忆歌词。

【家长配合】

家长和幼儿一起唱,让幼儿融入快乐的氛围中。

3. 聪明屋(10分钟)

【活动名称】做灯笼

【活动目标】

(1) 大胆涂色,装饰灯笼。

(2) 学习正确握笔姿势,促进小肌肉动作的提升。

【活动准备】各种灯笼的轮廓图、各色油画棒

【活动流程】

(1) 欣赏灯笼。

教师:"图片上有什么?"(灯笼)"灯笼是什么样的?"(圆形、方形、大的、小的……)"有什

么颜色?”(红色、黄色、蓝色……)

(2) 出示各种灯笼的轮廓图。

① 教师:“宝宝们,我是小灯笼,你们快来帮帮我,涂上漂亮的颜色打扮我。”(模拟小灯笼的口吻)

② 教师出示油画棒。

教师:“宝宝们,看谁来了?”(油画棒)“油画棒也来帮忙了! 手拿油画棒,跑圈圈,跑圈圈,快把白色都赶跑。”

③ 教师请个别幼儿来示范,引导幼儿在轮廓里涂色。

(3) 幼儿画灯笼。

(4) 展示幼儿的作品,大家一起欣赏。

【教学建议】

(1) 教师要关注幼儿涂色时的握笔姿势。

(2) 幼儿自主选择喜欢的颜色。教师可以主要选择鲜艳、暖色调的蜡笔。

【家长配合】

(1) 幼儿涂色的过程中,家长可以用儿歌中的语言引导幼儿。

(2) 家长要关注幼儿涂色的情况。如果幼儿只在一个地方涂,家长要引导幼儿用小蜡笔在白色的地方“跑圈圈”。

【中场休息】(5 分钟)

幼儿喝水、如厕。

4. 运动嗨 (10 分钟)

【活动名称】挂灯笼

【活动目标】能行进向前跳。

【活动准备】

(1) 材料准备:新年树、小灯笼若干。

(2) 场地布置:岛屿平衡板、圈、钻爬隧道。

【活动流程】

(1) 情景导入。

教师:“新年快到了,新年树还没有打扮呢。宝宝快来打扮新年树吧!”

(2) 教师讲解游戏玩法。

① 教师:“宝宝在筐中拿一个小灯笼,走过小路(岛屿平衡板),跳过小坑(圈),走到终点

将灯笼挂在新年树上，再钻过小山洞（钻爬隧道）回到起点。”

② 重点讲解跳圈动作。

教师：“两腿并拢，膝盖弯一弯，向前跳。”

（3）幼儿反复游戏。

【教学建议】

（1）幼儿游戏时，教师可以播放背景音乐《新年好》，营造快乐氛围。

（2）教师可以请个别幼儿示范行走路线，帮助其他幼儿理解。

【家长配合】

幼儿跳圈时，家长可以根据幼儿的情况，提示其膝盖弯一弯向前跳，跳进圈中，再跳出来。

5. 亲子乐（5分钟）

【活动名称】过大年

【活动目标】亲子拍手游戏，感受中国新年的风俗。

【活动流程】

（1）教师示范游戏玩法。

教师：“宝宝和家长面对面坐，边念童谣边玩拍手游戏。”（拍手，亲子击掌）

（2）亲子游戏。

【教学建议】

（1）教师将儿歌的内容投放在大屏幕上，便于家长念诵。

（2）教师可以邀请一位幼儿和自己示范游戏。

【家长配合】

边念儿歌边玩拍手游戏。

【附录：北京老童谣】

过　大　年

小孩小孩你别馋，过了腊八就是年，
腊八粥，喝几天，哩哩啦啦二十三，
二十三，糖瓜粘，二十四，扫房子，
二十五，炸豆腐，二十六，炖羊肉，
二十七，杀公鸡，二十八，把面发，
二十九，蒸馒头，三十晚上熬一宿，
大年初一扭一扭……

6. 欢乐摇（5分钟）

【活动名称】新年舞会

【活动目标】能跟着音乐自由舞蹈。

【活动准备】每人两条皱纹纸(8 cm×50 cm)，装饰好的新年树三棵，音乐《喜洋洋》

【活动流程】

(1) 情景导入。

教师："新年快到了，我们一起围着新年树跳舞吧！"

(2) 教师示范甩彩带。

教师："宝宝手拿彩带，跟着音乐跳一跳、扭一扭、甩一甩，让你的彩带飘起来。"

(3) 亲子共同游戏。

【教学建议】

(1) 教师可以示范甩彩带的方法。彩带可以上下甩，也可以左右甩。

(2) 音乐结束时，可以把彩带往上抛，使活动达到高潮。

【家长配合】

家长鼓励幼儿大方围着新年树跳舞。

7. 再见歌（3分钟）

唱再见歌，鼓励幼儿与朋友互相祝福"新年快乐"！

拓展阅读

1.《上海市0—3岁婴幼儿教养方案》，上海教育出版社2008年出版。为进一步推进上海市学前教育事业的发展，实现0—6岁儿童教育整体化、系统化、科学化，提高学前教育机构的3岁前婴幼儿教养工作水平和家庭教育指导水平，特制订该方案。该方案是上海市托幼园所实施3岁前教养工作的指南，也为家庭教养提供参考。

2."国家婴幼儿托育服务"微信公众号。该微信公众号是国家卫生健康委流动人口服务中心在人口家庭司的指导下，打造的为促进婴幼儿健康成长及托育服务发展的信息服务平台，旨在服务社会，推送婴幼儿托育服务相关政策法规、机构信息、育儿知识、行业资讯等内容。

3.《高瞻0—3岁儿童课程——支持婴儿与学步儿的成长和学习》，[美] 杰克琳·波斯特(Jacalyn Post)、玛丽·霍曼(Mary Hohmann)、安·S.爱泼斯坦(Ann S. Epstein)

著，唐小茹译，教育科学出版社出版。该书第1章“主动学习和关键发展指标”阐述了婴儿和学步儿怎样通过行为和社会关系来进行学习，并详细介绍了关键发展指标。

【本章小结】

0—3岁婴幼儿的大运动技能、精细动作、语言、认知、社会情感等方面都在快速发展和完善。婴幼儿在这一阶段的生理和心理发展对其终身发展至关重要。结合婴幼儿不同阶段的身心发展规律、兴趣等，教师设计亲子活动，通过专业引领，促进0—3岁婴幼儿健康成长，家庭育儿更科学、更有效。在亲子活动中，教师、家长、婴幼儿都是不可缺少的一部分。教师和家长在活动中分别扮演了不同的角色，并且是在不停地转换之中。教师和家长只有自如地在活动中扮演好相应的角色，并相互配合，才能真正达到亲子教育课程的作用，让婴幼儿获得真正的、全面的、和谐的发展。

【复习与思考】

1. 根据0—3岁婴幼儿的发展目标，设计某一个年龄段的一节亲子活动。
2. 亲子活动中，如何进行家长和教师的角色定位？
3. 亲子活动实施过程中的注意事项有哪些？

第五章　家庭中婴幼儿亲子活动的设计与指导

☞ **学习目标**

1. 掌握家庭亲子活动的设计依据。

2. 掌握不同时期婴幼儿家庭一日生活中的教养内容。

3. 能指导家长在一日生活中设计和实施适龄亲子活动。

4. 有效指导家长对婴幼儿发展情况进行科学评析。

0—3岁婴幼儿的主要生活环境是家庭。家庭是婴幼儿教育的起点，对婴幼儿的健康成长起到至关重要的作用。很多家长在早期教育机构的影响下，把早期教育机构的亲子活动当成0—3岁教育的唯一途径。这样的想法对吗？亲子活动的目的到底是什么？家庭中的亲子活动与机构中的亲子活动，其关系又是什么呢？

在第四章中，我们看到托育机构主要从大运动技能、精细动作、语言、认知、社会情感这五个方面开展亲子活动，根据婴幼儿身心发展阶段设计适宜的活动，并给予简单的家庭延伸指导。本书前言中明确指出，"亲子教育课程主要是以0—3岁婴幼儿为教育对象，在教师、家长或其他照护者的专业指导下，通过动作、语言、认知、艺术、社会等课程，促进婴幼儿全面发展的一种有计划、有目的的教育活动"，很明显，机构中一周一次的亲子活动和简单的活动延伸，从活动形式和活动时间的角度看都不足以支撑亲子教育课程的目标，即促进婴幼儿全面发展。

科学、全面的亲子教育课程应该包含适合婴幼儿年龄阶段和身心发展特点的亲子活动，带给家长科学的教养理念、教养内容和教养方式，帮助家长提升教养环境，促进婴幼儿全面发展。早期教育机构的婴幼儿亲子教育课程并不能取代家庭教养。因此，无论是家长、教师还是其他照护者都应明确如何在家庭环境下开展自然有效的亲子活动，在增进亲子感情的同时，促进婴幼儿全面发展。

一、家庭亲子活动设计的依据

了解婴幼儿的身心发展规律是设计亲子活动的基础。我们一般从五大方面来描述婴幼儿的发展规律，分别是大运动技能、精细动作、语言、认知、社会情感。其中，认知和社会情感的发展过程是相对复杂的，大运动技能、精细动作、语言为其发展做支撑。本章从婴幼儿日常表现的角度呈现其身心发展规律，帮助教师和家长更直观地感受孩子的成长表现，为后续家庭亲子活动的设计和实施打下基础。

（一）大运动技能

大运动，指姿势或者全身的活动，如抬头、翻身、坐、爬、站、走、跑、跳跃等。[①] 随着肢体发育逐渐成熟，婴幼儿的运动能力不断增强。运动能力的提升能有效促进婴幼儿其他各方面的发展。简要来说，婴幼儿运动能力的发展遵循以下规律。

1—4 个月：逐渐发展完善抬头、翻身的动作。

5—6 个月：能熟练翻身。

6—7 个月：能坐稳。

8—9 个月：会爬行。

10—15 个月：逐步掌握走的动作，即扶物站起，独站，走几步，走稳。

16—18 个月：能倒退走，会扶栏杆上楼梯。

19—24 个月：会跑，会双脚跳，能够扶栏杆上下楼梯、扔球、踢球。

25—36 个月：协调性、平衡性、稳定性逐渐增强，能进行各种车类活动，如踩滑板车、骑三轮车。

（二）精细动作

精细动作是指手和手指的运动，以及手眼协调操作物体的能力，如抓饼干、握笔绘画、使用剪刀等。[②] 精细动作的发展对婴幼儿的认知发展起重要的支撑作用。简要而言，婴幼儿精细动作的发展遵循以下规律。

0—2 个月：全身活动(运动时全身一起扭动)。

3—4 个月：尝试用手够物体，手中可抓握玩具。

5—6 个月：抓握玩具。

7—8 个月：敲、摇、传递玩具。

9—10 个月：能用拇指和食指捏、撕，能将手中的玩具放下。

11—12 个月：会用拇指、食指、中指三个手指一起做捏的动作。

13—15 个月：逐步能够握笔涂鸦、垒积木。

---

①② 北京市教育委员会.0—3 岁儿童早期教育指南[M].北京：北京师范大学出版社，2010：54.

16—24 个月：可以用工具完成动作，如舀、夹、穿、敲。

25—36 个月：搭建能力逐渐提升，能够涂鸦画直线、曲线、交叉线。手眼协调操作物体的能力逐渐完善。

（三）语言

语言是婴幼儿与外部环境连接的桥梁，是思想的表达窗口，对婴幼儿发展具有重要意义。婴幼儿语言能力的发展主要遵循以下规律。

0—10 个月：从周围环境中吸收语言，逐渐理解语言。

11—24 个月：语言能力飞速发展，会说 50 个以上的单词以及包括两个词的简单句。

24—36 个月：会说简单的复合句以及简短的歌谣，能回答成人简单的问题。

（四）认知

认知是感知、注意、记忆、想象、思维等全部心理过程的总和，是大脑反映客观事物的特性与联系，并揭露事物对人的意义与作用的心理活动。① 在生命的最初阶段，这些心理活动的基本来源是动作，人通过动作感知世界、形成思维。具体来说，人以动作为认知的开端，通过动作获得感觉和知觉。感觉是对事物属性和特性的感受，如视觉帮助我们看到颜色、明暗等；听觉帮助我们听到音乐的音调等；嗅觉使我们闻到不同的气味；味觉让我们品尝到不同的味道；知觉是对事物整体以及事物之间关系的认识，如黑暗里打开灯光，嘈杂环境下捂耳等。婴儿对世界的认识始于各种感觉，通过知觉加以整合。促进感知觉发展是婴幼儿认知发展的重要途径。同时，运动、语言、社会情感的发展为认知发展提供支撑和准备。婴幼儿认知发展的规律如下。

1. 0—1 个月

这个阶段的婴儿视觉能力非常有限，只能看到那些单一的，具有高度对比特征的东西；听觉、嗅觉、味觉、触觉发展得很好。这个阶段的新生儿通过无条件反射与外界环境相适应，如觅食反射、吸吮反射、击剑反射、踏步反射等。

2. 1—4 个月

婴儿的视觉能力在持续发展，2 个月时开始能分辨颜色；3—4 个月的婴儿开始能辨认不同的脸；3 个月开始能更清晰地辨别形状，认识到物体运动的方向；4 个月时，对形状、色彩的辨认都更加清晰，更接近成人；能够认识到不同远近距离的物体。这个时候，婴儿的运动能力在先天反射的基础上有了新的发展，婴儿开始整合动作，个别动作偶然的联结促使婴儿不

① 北京市教育委员会.0—3 岁儿童早期教育指南[M].北京：北京师范大学出版社，2010：61.

断重复，于是形成了新的动作模式，如婴儿开始摆动手臂、双腿，反复动作后出现“够物”行为。

3. 4—8个月

随着视觉能力的不断发展，婴儿通过对抓握动作的反复练习，形成了新的本领，即用手去触摸、摆弄物体，注意开始转向外部世界，能够取、抓握、操纵物体。婴儿对动作与结果的关系有了初步的认识，如用手去摇摇铃，但是动作与手段的分化尚不完全。

4. 8—12个月

在上一阶段发展的基础之上，8—12个月婴儿动作的目的与手段开始有了分化，一些动作被当作目的，另一些动作则被当作手段。行为有了目的性，能通过探究理解事物的因果关系，如掀开玩具上的盖布。

5. 12—18个月

随着大运动技能和精细动作能力的提升，婴幼儿的探索范围逐渐扩大。当婴幼儿偶然地发现某一感兴趣的动作结果时，他们将不只是简单重复以前的动作，而是尝试在重复操作的过程中作出一些改变，有目的地通过调节来解决新问题。这是创造力发展的开端。例如，某幼儿伸手够玩具，起初够不到，经过反复尝试，他发现拉玩具下面的毛巾可以把玩具拉近，于是再出现类似的情境时，他就会以这样的动作为手段达到目的。但这种策略性手段是尝试中偶然发现的，并非幼儿真正会使用这样的手段。

6. 18—24个月

随着生活经验的积累，幼儿开始出现心理表象，即感知过的事物，可以在头脑中浮现它的形象并出现模仿行为。这个阶段，幼儿开始能真正自己想办法解决问题，例如，借助工具得到自己想要的物品。

7. 25—36个月

25—36个月的幼儿处于前运算思维阶段的前期，这个阶段的幼儿认知能力飞速发展，通常有以下表现：符号性，即通过大人的表情可以推断大人的情绪，可以通过信号推导结论等；具体形象性，看到一样东西想起另一样东西；泛灵化，即认为每个物品都有生命。同时，25—36个月的幼儿表现出典型的婴幼儿特点，例如，自我中心化，凡事以自己的想法为主，忽视他人的想法；不能完成守恒任务，如某件物体外在形态发生变化，幼儿不能认识到其本质还是原先的样子；不能转导推理；不能解决分类任务。

（五）社会情感

0—18个月：安全感、信任感的发展。在这一阶段，照护者对婴幼儿需求的回应有助于发展婴幼儿对他人和环境的安全感。

18—36 个月：独立性的发展。随着能力的提升，幼儿开始尝试独立操作自己的事情，这是独立性发展的开始。

我们简要介绍了 0—3 岁婴幼儿的发展规律，大部分婴幼儿的发展情况符合这一规律。当然，婴幼儿的发展也有个体差异。发展速度与文中论述的略有不同，也属正常现象。

二、家庭一日生活中的教养内容

了解 0—3 岁婴幼儿的教养内容有助于家长对 0—3 岁婴幼儿的家庭亲子活动形成清晰认识，对高效开展亲子活动有很大帮助。结合婴幼儿的身心发展规律及家庭教养环境，0—3 岁婴幼儿的家庭教养内容主要包括以下方面。

（一）新生儿（0—1 个月）家庭教养内容

1. 感知能力

通过引导婴儿看闪卡等玩教具增强婴儿的视觉感受。通过引导婴儿听不同方位的声音增强婴儿的听觉感受。通过成人接触帮助婴儿增强触觉感受。

2. 运动能力

新生儿运动能力较弱，主要通过成人对其进行被动运动锻炼其运动能力，如抚触。

3. 良好习惯培养

这个阶段，针对婴儿吃饭、睡觉等生活环节的需求，成人按需满足即可。家长要为其提供良好的环境，保证婴儿觉醒时间参与高效的亲子活动，睡眠时进入舒适的睡眠状态。这种生活状态有利于孩子日后养成良好的生活习惯。

（二）婴儿期（2—12 个月）家庭教养内容

1. 大运动技能

婴儿期的大运动技能教养内容主要包括以下 5 个层次：2—3 个月，抬头、翻身练习；4—6 个月，翻滚、坐的练习；7—8 个月，爬行练习；9—10 个月，站立练习；11—12 个月，走的练习。

2. 精细动作

婴儿期精细动作教养内容主要包括：2—3 个月，满足婴儿关注手、使用手的需求；4—6 个月，满足婴儿抓、握、摇物的需求；7—9 个月，满足婴儿拿物、换手拿物、放下、敲打、扔物、捏、撕等需求；10—12 个月，满足婴儿捏、填塞、涂鸦等需求。

3. 语言

婴儿期语言能力的培养内容主要包括：6 个月以前，成人对婴儿多说话，婴儿多听声音；

7—12 个月，帮助婴儿理解父母的话，引导其尝试开口说话。

4. 认知

婴儿期认知培养内容主要包括以下几个方面。

(1) 视觉

婴儿出生后 3 个月内，成人可以给婴儿看人脸、看色彩对比明显的大块面图案；4—6 个月，成人可以帮助婴儿多看移动的物体，多看色彩鲜亮的物体；7—12 个月，可以让婴儿多看户外的景色，扩大视野。

(2) 听觉

婴儿出生后 2—3 个月，成人可以帮助其感受不同方位发出的生活中的声音；6 个月前后，成人可以播放一些悦耳动听的音乐、儿歌和故事等。

(3) 触觉

婴儿出生后 0—3 个月，成人可以多拥抱孩子，帮助其练习抓握；4—6 个月，成人可以引导其摸摸脸、摸摸物，帮助其认识自我，认识周围其他物体；7—12 个月，婴儿可以在不同材质的布或地毯上自由爬行、站立，丰富触觉感知。

5. 社会情感

婴儿出生后的 2—12 个月，成人要经常用身体的亲密接触，如喂哺、拥抱、摇动、交谈等，对婴儿发出的信号给予积极的回应；7—12 个月，成人要丰富婴儿的生活体验，引导其多与他人共处。

(三) 幼儿期(13—36 个月)家庭教养内容

1. 大运动技能

幼儿期大运动技能的培养内容主要包括：13—18 个月，主要进行行走练习、下蹲练习；19—24 个月，综合锻炼直行、跑、跳及绕开障碍物走的能力；25—36 个月，可以增大难度，引导幼儿进行攀爬、投掷活动。

2. 精细动作

幼儿期精细动作的培养内容主要包括：13—18 个月，通过生活工具或玩具练习捏、插、翻等动作；19—24 个月，利用玩具练习剥、穿、夹、切、嵌、舀等动作；25—36 个月，用工具练习剪、扣、折、画等动作。

3. 语言

幼儿期语言能力的培养内容主要包括：13—15 个月，可以进行听儿歌指五官并说出五官等游戏，锻炼幼儿的语言接受和表达能力；16—18 个月，可以玩简单的指令游戏；19—21 个月，幼儿可以与成人进行问答游戏，回答 3—5 个字的句子；22—24 个月，幼儿可以与成人

一起读由两句句子构成的短儿歌;25—30个月,幼儿可以与成人一起指认图片,说出图片内容;33—36个月,成人可以设计亲子游戏,帮助幼儿在游戏中准确表达性别,描述自己的生理状态,如,冷、热、饿等。

4. 认知

幼儿期认知能力的培养内容主要包括:13—18个月,开始利用家庭生活材料进行辨识、一一对应、感知事物属性、因果关系的认识活动;19—24个月,可以利用阅读绘本、积木搭建等亲子活动帮助幼儿理解事物的关系,进行模仿、初步假想的活动;25—36个月,可以利用绘本故事、玩具等帮助幼儿理解因果关系、时间关系、事物之间的联系等。

5. 独立意识

13—18个月,可在家庭中进行动作锻炼,为幼儿的独立性发展做准备,如鼓励幼儿独立运动,包括行走、尝试跑,帮助幼儿建立初步的自信;通过两指捏等精细动作活动锻炼幼儿的手指灵活性,为独立操作活动做基础;为幼儿提供选择的机会,培养幼儿的自主性,进而促进幼儿独立意识的形成;游戏时,引导幼儿通过语言和手势选择游戏;外出时,引导幼儿选择去向等。19—24个月,继续锻炼幼儿的精细动作,练习穿、系、舀等动作;开始培养幼儿的生活自理能力。随着幼儿年龄的增大,能力的提升,幼儿的独立意识越来越明显。这时,家长要正确对待幼儿的变化,适时引导幼儿学会解决问题,切忌盲目包办代替。25—36个月,这个阶段幼儿的操作能力进一步增强,可以学习剪东西、穿珠子、系纽扣、穿脱短袜、用勺子吃饭等。同时,家长可以引导幼儿养成好习惯,如物品的归类整理,归置过程中引导幼儿独立思考如何摆放。随着幼儿认知能力的提升,在游戏中,家长可以给幼儿提供更多的机会进行思考、选择,帮助幼儿学会承担自己选择的后果,能自主想办法解决问题。

6. 良好个性

幼儿期,我们可以尝试在家庭中培养孩子良好的个性品质,比如自我意识,独立性,自信心,诚实,勇敢,自制力,责任感。其中,自我意识和独立性在前文已有所涉及,其他个性品质的培养建议如下。

(1) 自信心

自信心的培养自然融入亲子互动中。家长在日常生活和教养活动中尊重幼儿的表现和成绩,对其积极表现及时给予肯定,对幼儿欠佳的表现,理性分析原因,充分理解幼儿的个体差异,尊重其发展步伐,在日常活动中积极引导。日常活动中,家长可以根据幼儿的发展情况多设计些其能力范围内的活动让其尝试,帮助幼儿获得成就感,增强自信心。

(2) 诚实

家长应帮助幼儿认识真实的生活,并引导其践行实事求是的做事方法。在日常的教养活动中，家长以身作则，做孩子成长的榜样。

(3) 勇敢

培养幼儿勇敢的精神需要家长的榜样作用和生活中潜移默化的引导。勇敢，多可在大运动活动中培养。尤其在感统活动中，家长要鼓励幼儿大胆尝试，体验完成目标后的成就感。

(4) 自制力

切忌盲目培养幼儿的自制力。家长应在尊重幼儿的前提下引导其进行自我控制。例如，孩子与其他幼儿争抢玩具时，家长应先问清楚争抢玩具原因，引导孩子懂得礼让，会协商解决办法。

(5) 责任感

家长可放手让幼儿自己尝试，自己犯错并承担后果。直接经验是获得责任感的最有效途径。

7. 同伴交往

同伴交往能力的培养主要包括以下几方面内容。

(1) 创造交往环境

家长可以为幼儿提供丰富的交往环境，让幼儿多到户外与同伴接触。即使幼儿没有积极的互动行为，他们也会从这样的交往过程中积累经验，进而迁移到其他的社会互动过程中。

(2) 倾听与尊重

家长要学会观察幼儿、倾听幼儿、尊重幼儿，从幼儿的个性出发，给予其足够的理解，进行适时的教育。只有这样，才能有效地帮助幼儿成长。

(3) 培养合作意识

出生后 24 个月起，幼儿可以学习和同伴合作游戏，例如，进行搭建游戏、追跑游戏等。随着幼儿慢慢长大，家长可设计较为复杂的合作游戏，例如，合力拖运球等，让幼儿在游戏中体会合作的乐趣。

(4) 培养秩序感

家长可以在游戏中培养幼儿的秩序感，例如，蒙台梭利的走圈活动等。

8. 良好生活习惯的早期培养

(1) 13—18 个月

家长可以通过给幼儿制订合理的一日作息，帮助幼儿建立健康的生活习惯。家长可以结合日常生活，引导幼儿尝试自己拿勺拿碗进食，尝试自己戴帽，练习简单的生活技能。练习中，家长可以与幼儿共同操作，适当鼓励，提升幼儿的成就感，培养其对生活的热爱之情。

(2) 19—24个月

家长可以在日常生活中引导幼儿独立用勺进食,练习穿衣服、解纽扣、脱衣服等技能,提升幼儿自我服务的热情。幼儿可以尝试根据自身需要独立进水、进食,感受自我服务给生活带来的便利。

(3) 25—36个月

这个阶段,幼儿的操作能力大大增强,家长可以引导幼儿熟练独立进水、进食、穿衣服、戴帽子。这一阶段,重点培养幼儿对物品的归置整理能力,培养幼儿分门别类放物,让幼儿养成物品从哪里拿就放回哪里去的习惯。

9. 学习习惯的早期培养

学习习惯的培养包括以下几方面内容。

(1) 兴趣的培养

在日常生活中,家长应对幼儿的兴趣给予积极的回应,并引导幼儿观察,提升幼儿的认识。兴趣是最好的老师。

(2) 探索能力的培养

家长应根据幼儿的发展规律设计适宜的活动,激发幼儿的探索欲望,在探索中培养幼儿的观察能力、分析能力、解决问题能力。例如,24个月左右的幼儿,客体永久性认知进一步发展,家长可以为幼儿提供少量玩具以及一条毛巾。幼儿观察玩具后,家长用毛巾遮盖玩具,观察幼儿的探索过程。

(3) 专注力的培养

家长应保持适宜的活动时间。亲子活动内容的选择应当是幼儿感兴趣的。抓住幼儿生活中的新鲜事物,引发幼儿的好奇心,对培养幼儿的专注力至关重要。

(4) 归整能力的培养

幼儿归整能力的培养,主要通过家长在日常生活中引导其进行自我控制、自我调整,玩耍后把玩教具送回原处来完成。

三、家庭亲子活动的实施

家庭亲子活动的实施主要通过一日生活进行,即婴幼儿在家庭一日生活中通过和照护者之间的互动,增进亲子感情,促进多方面能力的提升。

(一) 实施原则

在亲子互动中,我们鼓励亲子之间做到互动三原则:爱、尊重、回应。

1. 爱

爱是人类的情感本能，但爱的方式是需要学习的。父母之爱有正确和错误之分，正确的爱是对孩子敞开心扉，是关心呵护孩子，是理解包容孩子，错误的爱是无条件接受孩子的一切行为习惯，是要求孩子按自己的想法、意志做事，是包办孩子的一切需求……

2. 尊重

尊重，即把婴幼儿当作一个独立的个体，而不是成人的附属品。了解婴幼儿、理解婴幼儿是尊重婴幼儿的前提。父母要管理好自己的情绪，处理好各种事务，每天给孩子一定时间的高质量陪伴。父母可以有自己的时间，但一定要有全身心投入、高质量陪伴孩子的时间。同时，父母要以身作则，为孩子树立良好的行为榜样。

3. 回应

回应，指对婴幼儿发出的信号给予积极的反馈。这里不单指高质量陪伴期间，而是指一日生活的各环节，如吃奶、换尿布等。家长要及时发现、解读并准确回应婴幼儿的需求。

（二）实施方法

1. 大运动技能

（1）活动法

小年龄幼儿的感知与动作紧密联系。成人应充分运用游戏材料，引导幼儿与材料互动，如悬挂铃铛让婴儿抓，抱着婴儿观察物体，翻滚大龙球等。成人应满足幼儿充分活动肢体的需要，支持和鼓励幼儿，大胆放手让幼儿在活动中学习一些复杂的动作，或带有技巧性的动作，如，跳、跑、平衡、踢球等。

（2）游戏法

成人可以提供材料，设计游戏情境。游戏是婴幼儿的基本活动，成人一定要充分利用游戏形式培养婴幼儿的能力。

2. 精细动作

（1）游戏操作法

成人可以准备一些适合婴幼儿的玩具，如大小不同的豆子、拼插玩具等，让婴幼儿操作，提升婴幼儿身体各部分肌肉的协调活动能力。随着婴幼儿能力的提升，成人可以逐渐提供更为复杂的玩具，例如，可以拧起、旋紧的玩具螺丝，描图，橡皮泥等。

（2）生活训练法

让幼儿做些力所能及的事，例如，自己穿衣、系扣子、吃饭等。

3. 语言

(1) 模仿法

成人应创造有利条件，让婴幼儿在生活或游戏中通过模仿来学习语言，并给予婴幼儿正确的引导。

(2) 环境熏陶法

成人可以通过给婴幼儿讲故事，朗读儿歌，读绘本，逐渐丰富婴幼儿的词汇；通过提问为婴幼儿提供表达的机会。

(3) 交往互动法

成人可以丰富婴幼儿的生活，让婴幼儿广泛地接触周围的人和事，在和他人的交往中丰富语言，发展语言能力。

4. 认知

(1) 探究法

成人应保护婴幼儿对事物积极关注的好奇心和探索欲，耐心地解答婴幼儿的问题，允许婴幼儿尝试，和婴幼儿一起探究。

(2) 关联法

成人要积极引导婴幼儿练习口头语言，让婴幼儿认识现实世界与自身的联系，引导婴幼儿去想象。

(3) 环境刺激法

成人要帮助婴幼儿开阔视野，为婴幼儿提供丰富的环境刺激，锻炼婴幼儿的视听和观察能力。

5. 社会情感

(1) 情绪体验法

婴幼儿在日常生活中多交流，运用感知觉和动作游戏丰富情绪体验。

(2) 合理表达法

成人应正确对待婴幼儿的情绪，与婴幼儿共情，了解婴幼儿情绪产生的真正原因，从而引导婴幼儿合理表达情绪。成人应创设积极的心理环境，尽量自然地对待婴幼儿的情感发展，帮助婴幼儿表达情感，尤其是表达积极的情感。

(3) 游戏法

成人可以给婴幼儿创设一些自己做事的机会，多听婴幼儿的想法，满足婴幼儿的需求，教导婴幼儿明辨是非。2—3 岁幼儿已经有一定的理解能力，成人可以耐心讲道理，提高幼儿辨别是非的能力。成人也要以身作则，保持积极的态度，用愉快的情绪感染幼儿。

(4) 鼓励法

成人要多表扬、鼓励婴幼儿,树立婴幼儿的自信心,发挥婴幼儿的创造力,强化其良好的行为和习惯。

(三) 实施环节

亲子活动贯穿于家庭一日生活各环节之中。如果把亲子活动仅仅理解成托育机构内短时的活动或家庭中偶尔的游戏活动,那么就缩小了亲子活动的范畴,可能丢失很多亲子教育机会。而孩子的教育离不开日常生活中每个环节潜移默化的影响。所谓生活即教育,教育即生活。

那么,如何在一日生活中抓住时机,进行高质量的亲子活动呢?下面以一日生活各环节为框架,介绍如何将教养知识灵活转换到一日生活之中,帮助家长真正做到通过一日高质量的亲子活动促进婴幼儿全面发展。

1. 喂养环节

进餐是增进亲子感情的重要环节之一。那么,如何把握喂养环节,促进婴幼儿健康成长呢?

(1) 0—6 个月

0—6 个月的婴儿尽量母乳喂养。母亲应遵循按需喂养的原则,注意观察婴儿的需求信号,面带微笑地配合语言:“宝宝,吃饭饭的时间到了。”孩子饥饿的时候,母亲应及时抱起,给予母乳,建议配合眼神、表情的交流。母乳喂养是增进亲子感情的有效形式。识别信号的前提是了解基本的喂养规律、喂养次数及读懂婴儿的表情。

(2) 6—12 个月

6—12 个月的婴儿开始添加辅食。成人在遵循辅食添加基本规律的前提下,可以丰富婴儿的味觉体验,帮助婴儿品尝不同味道的食物,鉴别食物的味道。

(3) 13—24 个月

13—24 个月幼儿的喂养过程中,成人可以逐渐引导其触、嗅、尝不同的食物,认识食物的颜色、种类,逐步培养幼儿独立进餐的能力,增强幼儿的自理能力。

(4) 25—36 个月

25—36 个月,成人可以培养幼儿良好的饮食习惯,通过故事、儿歌帮助幼儿了解不同食物的作用,养成不挑食的习惯。

【活动案例】

1. 餐前互动:贪吃的小猪(13—24 个月)

活动目标：

(1) 通过触觉刺激，促进神经系统发育，提升安全感。

(2) 了解食物的种类。

(3) 养成良好的饮食习惯。

活动过程：

家长用拇指、食指捏住幼儿的手指，从手指根部捏到指尖。可以从大拇指开始，配合儿歌，逐个捏到小指，然后扣回小手，按摩肚子。

【儿歌内容】

这只小猪爱吃鱼(大拇指)，这只小猪爱吃肉(食指)，这只小猪爱吃青菜(中指)，这只小猪爱喝汤(无名指)，这只小猪，把它们全部都吃到肚子里(小指)。

2. 餐后互动：食物与餐具配对训练(25—36个月)

活动目标：

(1) 认识鱼、豆腐、黄瓜和不同水果的名称、形状。

(2) 认识不同形状的餐具与不同形状的食物如何进行匹配。

材料准备：

鱼形盘一个；鱼模型一个；方形盘一个；方豆腐一块；圆形盘一个；圆形水果三个；杯子一个；黄瓜两根。

活动过程：

让幼儿把豆腐、鱼、黄瓜和水果放进形状相似的盘子或杯子里。

2. 如厕环节

如厕对婴幼儿身心健康有重要影响，这是一个重要的生活环节，需要亲子合作完成。

(1) 0—12个月

换尿布是这个阶段的主要如厕环节，对婴儿而言，换尿布的次数和频率很高，这个过程的感受对其有重要影响，但大部分家长把它当作一项任务去完成，很机械，并没有情感的投入。如果抓住这个环节进行亲子互动，能够很好地增进亲子感情，丰富婴儿的感知觉，促进其语言能力和社会性的发展。家长在换尿布的时候需要使婴儿保持舒适的姿势，面带微笑，吸引婴儿的注意力，每做一个动作前告知婴儿即将进行的动作，用眼神、表情与婴儿和谐互动，完成换尿布的过程。这样的过程让婴儿充满安全感和尊重感，对其多方面的发展起促进作用。

(2) 13—24个月

这个阶段是幼儿如厕方式转换的重要阶段，每个孩子转换的时间不一致，我们要尊重幼儿，给幼儿"摘下尿布"，使用便盆的动力，而不是强行转换如厕方式。例如，可以给幼儿玩如厕小木偶玩具，也可以让幼儿看到托育机构中其他小朋友的如厕方式。当幼儿做好心理准备，想要转换如厕方式时，成人要为其准备舒适的便盆，宽松的衣裤，帮助其顺利度过转换期。

(3) 25—36 个月

这个阶段，幼儿已经基本完成了排便方式的转换，培养其自主排便的意识并逐渐自主排便是这个阶段的重点。3 岁前学会自主排便对减轻入园焦虑有很大帮助。

【活动案例】

1. 活动名称：换洗互动(0—12 个月)

活动目标：

(1) 做好换尿布的情绪准备，增强安全感。

(2) 获得愉悦的情感体验。

活动过程：

家长念儿歌："换尿布，换尿布。做好准备一二一。"(操作中配合眼神交流，进行语言描述)"换好啦，换好啦，干净舒适顶呱呱。"

2. 活动名称：如厕游戏(13—24 个月)

活动目标：

(1) 提升自主如厕的积极性。

(2) 了解自主如厕能够让生活更方便。

活动准备：

如厕游戏玩具。

活动过程：

家长讲述一个自主如厕的故事，打开音乐，请幼儿听声音(如厕、冲水、洗手等)，让幼儿自主操作，感受游戏的快乐。

3. 盥洗环节

盥洗环节对不同月龄的婴幼儿有不同的教育价值，是非常重要的亲子互动时间。对于婴幼儿而言，水是非常好玩的，他们喜欢水打在皮肤上的触觉，喜欢水流动的感觉，喜欢玩具在水上漂浮……

(1) 0—12 个月

盥洗环节中，家长可以通过触觉刺激，引导孩子感知身体各部位。

(2) 13—24 个月

盥洗时间内，家长可以通过表情、语言，帮助幼儿提升自我认知，认识身体各部位的名称。

(3) 25—36 个月

可以通过盥洗环节锻炼幼儿的生活自理能力，培养其独立性。

【活动案例】

1. 活动名称：触觉舞(0—12 个月)

活动目标：

通过触觉刺激，充分锻炼感知觉能力。

活动准备：

纱布手帕一条，轻音乐。

活动过程：

(1) 家长帮助孩子用手接水，进行洗漱活动，配以语言提示，如“洗洗脸”“洗洗手”等。

(2) 家长用手帕擦擦孩子的脸、手，帮助其感知不同的触觉。

2. 活动名称：洗手操(25—36 个月)

活动目标：

(1) 聆听、歌唱《洗手歌》，提升洗手的积极性。

(2) 提升生活自理能力。

活动过程：

(1) 家长哼唱《洗手歌》，带领幼儿进行洗手活动。

(2) 幼儿独立唱歌并洗手。

4. 睡眠环节

睡眠对婴幼儿身体健康发展和安全感的获得至关重要。婴幼儿神经系统发育还没有完善，交感神经占明显优势，所以婴幼儿往往精力无限但特别容易疲惫。睡眠就是很好的调整时间。不同月龄婴幼儿需要的睡眠时间不同，新生儿一天的睡眠时间约有 20 个小时。之后，睡眠时间逐渐减少。

建议采用仰卧或侧卧的睡眠方式。研究表明，婴儿仰卧睡觉能降低“婴儿猝死综合征”的风险，而俯卧的睡眠方式容易导致婴儿窒息。因此，一般建议让婴儿采用仰卧或侧卧的方式睡觉。对于刚吃完奶入睡的新生儿，为了避免呛奶，一开始可以考虑采用右侧卧位。

睡前时间是亲子活动的重要时刻，家长要营造舒适的睡眠环境，为孩子哼唱摇篮曲或者讲睡前故事。这些都是增进亲子感情的重要方式。睡眠时，环境要安静、空气要新鲜、光线要柔和、温度要适宜，防止孩子情绪兴奋。对于 0—12 个月的婴儿，建议家长睡前为其轻声哼唱摇篮曲。这样做有助于稳定其情绪。婴儿听到熟悉的摇篮曲会提升安全感。对于 13—36 个月的幼儿，家长可以选取睡前故事讲给孩子听。故事篇幅可以由短到长，内容宜平和，不要过于激烈，最好和睡眠有关，帮助孩子逐渐进入睡眠状态。

【活动案例】

1. 活动名称：摇篮曲（0—12 个月）

活动目标：

(1) 提升安全感，帮助婴儿舒适入睡。

(2) 增进亲子感情。

活动内容：

家长轻唱摇篮曲。

2. 活动名称：睡前故事（13—36 个月）

活动目标：

(1) 提升安全感，帮助幼儿舒适入睡。

(2) 增进亲子感情。

活动内容：

(1) 准备睡前故事《晚安，月亮》（13—24 个月）；《打瞌睡的房子》（25—36 个月）。

(2) 日常给幼儿看绘本，讲述故事。睡前，家长有感情地复述故事，轻拍幼儿，让其逐渐入睡。

5. 穿衣环节

穿衣是每天必要的生活环节。对于婴幼儿来说，穿衣不仅是为了保暖，也是一个重要的情感沟通环节。试想，一个幼儿被强行拉过来穿衣服，然后直接拉着出门，他会是什么感受。在每日的穿衣环节中，我们可以根据婴幼儿的年龄特点进行不同的亲子活动。0—12 个月的婴儿可以感受不同材质的衣服对身体的触觉刺激。13—24 个月的幼儿可以尝试和家长一起合作穿衣。家长可以根据幼儿操作能力的发展情况逐渐减少帮助程度。25—36 个月的幼儿可以尝试独立穿宽松的衣裤、拉拉链、扣纽扣等。

【活动案例】

活动名称：纽扣游戏（25—36 个月）

活动目标：

(1) 练习扣纽扣的动作。

(2) 提升幼儿的生活自理能力。

活动准备：

纽扣玩具或有纽扣的衣物。

活动过程：

(1) 家长提供材料，示范扣纽扣的动作。

(2) 幼儿尝试练习扣纽扣的动作，家长给予指导和支持。

6. 室外游戏环节

室外游戏对于婴幼儿发展至关重要。首先，户外活动时晒太阳对婴幼儿的身体发育大有裨益。一方面，阳光中的红外线能使血管扩张，促进新陈代谢；另一方面，皮肤吸收紫外线有助于身体合成维生素D，促进钙的吸收，帮助骨骼发育。我们建议，在天气条件允许的情况下，室外游戏最好每日进行。游戏时间随着幼儿年龄的增长逐渐增长。从15分钟开始，逐渐延长至30分钟、45分钟或1个小时。一般不建议超过1小时，长时间的日晒容易使皮肤干燥、粗糙、起红疙瘩。此外，户外活动是调动所有感官，包括视觉、听觉、触觉、嗅觉、味觉的综合性活动，可以有效进行婴幼儿的感觉统合练习。室外活动中，应让婴幼儿最大限度地进行自由体验和探索。大自然为其带来美妙的综合感官体验，可以提升其信息加工的能力。

【活动案例】

1. 活动名称：日光浴（出生后1—2个月开始，后面随着运动能力提升转为户外活动）

活动目标：

强身健体。

活动过程：

春秋季，可以在上午9时至11时之间选择活动时间；夏季，可以在上午9时前及下午4时后选择活动时间；冬季可以在正午前后活动。直射阳光才有助于婴幼儿生长发育。对于不会自由活动的婴幼儿而言，不要让阳光直射其脸部，要先晒背部和下肢，再晒胸部和腹部。锻炼的时间可由每天5—10分钟逐渐增加。

2. 活动名称：感知树叶（6—12个月）

活动目标：

(1) 通过看、摸等方式感受树叶，提升婴儿感知能力。

(2) 通过活动，初步引导婴儿感受积极愉快的情感。

活动准备：

不同颜色的树叶。

活动过程：

(1) 妈妈陪伴孩子坐在地垫上，爸爸在附近帮忙捡树叶。

(2) 引导孩子看到不同颜色的树叶，触摸不同的树叶，体验不同的触觉。

(3) 观察树叶的表面和树叶边缘锯齿的形状。

(4) 收集树叶，并放到袋子里。

3. 活动名称：感知雨滴(13—24 个月)

活动目标：

(1) 感知雨滴，提升感觉统合能力。

(2) 锻炼踏步能力，增强腿部力量。

(3) 加深对因果关系的认识，建立快慢的概念并进一步提升感知能力。

(4) 初步培养热爱大自然的态度。

活动准备：

透明雨伞、雨衣、雨鞋。

活动过程：

(1) 下雨天，家长打着透明伞带幼儿到户外，让幼儿用眼睛看、用耳朵听雨滴打在雨伞上。

(2) 引导幼儿伸手摸，用触觉感知雨滴。

(3) 踩踏小雨滴。让幼儿用脚在水塘里踩一踩、踏一踏，感知水坑，并建立对踩踏和水花溅起之间因果关系的认识。

(4) 家长和幼儿比赛踩水坑，加快速度，放慢速度，让幼儿感知快、慢。

4. 活动名称：影子游戏(25—36 个月)

活动目标：

(1) 发现并感知影子，提升感觉统合能力。

(2) 初步感知长短、一一对应的概念。

(3) 锻炼大运动技能，增强腿部力量。

活动过程：

(1) 家长带领幼儿到有影子的空地，感知影子的长短。

(2) 家长带领幼儿辨认影子，了解不同的人影子不同，初步感知一一对应的概念。

(3) 家长带领幼儿行走并观察影子跟随人移动。

(4) 踩影子，家长带领幼儿互相踩影子。

5. 活动名称：空气宝宝(25—36个月)

活动目标：

(1) 感知空气，提升感觉统合能力。

(2) 捕捉空气，初步培养解决问题的能力。

(3) 了解空气的重要性。

活动准备：

网兜、袋子。

活动过程：

(1) 家长和幼儿在宽阔的花园里进行猜谜游戏："眼睛看不到，耳朵听不着，无色又无味，生命少不了。"(答案：空气)

(2) 家长引导幼儿感知空气，并说出答案。

(3) 思考捕捉空气的方法："网兜、袋子，哪个是捕捉空气的工具？"

(4) 操作尝试，揭晓答案。

(5) 亲子知识环节：给幼儿讲述空气对生命的重要意义。

7. 室内游戏环节

室内游戏环节在家庭亲子活动中具有重要意义。其他环节中，受环节内容本身或环境影响，培养内容的设定受到限制。室内游戏环节的亲子活动目标完全可以根据家庭需要系统设计，这也是机构和家庭活动衔接的重要环节。游戏的内容围绕婴幼儿的生活设计，游戏围绕婴幼儿直观的生活经验进行，更易于吸引婴幼儿的兴趣，并帮助其建立分析、理解能力的基础。

【适合0—6个月婴儿的亲子活动案例】

1. 活动名称：抬起头，挺起胸

活动目标：

锻炼颈部肌肉支撑起头部、上臂支撑起身体的能力，促进颈椎曲度形成。

活动准备：

孩子俯卧时头能抬离床面；一面能立放在床上的镜子；一个能发出响声的玩具，如花铃棒。

活动过程：

(1) 孩子照镜子，家长告诉孩子镜中的宝宝就是他自己。

(2) 孩子俯卧，家长将镜子放在孩子头部前方20厘米左右的地方，家长用花铃棒逗引孩子，引导孩子抬起头、挺起胸。

2. 活动名称：翻身啦

活动目标：

(1) 发展肩部、躯干肌肉力量。

(2) 学习控制躯干，为习得坐和爬的动作做准备。

活动准备：

准备一个孩子喜欢的、质地较为柔软的玩具。

活动过程：

(1) 孩子仰卧，家长将孩子的左腿放在右腿上(或右腿放在左腿上)，用玩具逗引，并把玩具放在孩子右侧(或左侧)。

(2) 孩子的头转向右侧(或左侧)追寻玩具，家长托住其腰部，使其腹部右转(或左转)，逐渐加大幅度使肩也随之右转(或左转)。家长同时与孩子交流，不断说“翻身啦，翻身啦”，直到孩子呈俯卧姿势。

(3) 家长给予孩子玩具和语言表扬，将玩具放在孩子的另一侧，继续翻身游戏。

3. 活动名称：滚啊滚

活动目标：

(1) 提升头、颈、躯干和四肢的协调性。

(2) 提升翻身动作的灵活性。

活动准备：

准备一个孩子喜欢的、质地较为柔软的玩具。

活动过程：

(1) 孩子仰卧，家长用玩具吸引孩子的注意力，引导其从仰卧到侧卧到俯卧，再从俯卧到侧卧到仰卧。

(2) 如此反复，来回翻滚。

4. 活动名称：神奇的小手

活动准备：

手摇铃一个。

活动目标：

促进手眼协调能力的发展。

活动过程：

(1) 在孩子的手腕上佩戴手摇铃，吸引其关注自己的手。

(2) 在孩子床上方距离眼睛20厘米左右的地方悬挂色彩明亮的、会发出声响的玩具,吸引孩子伸手够物,活动上肢,促进手眼协调能力的发展。

5. 活动名称:小手摸摸摸

活动准备:

生活中安全的不同触感的物品,例如,乒乓球、触觉球、碗、衣服等。

活动过程:

(1) 家长吸引孩子与其握手,触摸衣服等生活物品,感受不同的触觉刺激。

(2) 家长提供不同触感的玩具供孩子感受,一次提供两个即可。

6. 活动名称:声音对对碰

活动目标:

发展听觉,促进语言发展。

活动过程:

(1) 家长读儿歌,注意语速应比平时说话稍慢一些,讲故事的语言要亲切。

(2) 尽量选择带拟声词的故事,如故事中出现小猫时,家长要说:“喵!喵!喵!”出现小狗时,家长要说:“汪!汪!汪!”以便引起孩子的兴趣,加深孩子的印象。

7. 活动名称:躲猫猫

活动目标:

缓解分离焦虑。

活动过程:

(1) 家长用手掌或手帕之类的简单道具,跟孩子玩这个游戏(遮挡—出现,再遮挡—再出现,反复进行)。

(2) 变换玩法,一人抱着孩子,另一人分别在左、右、前、后躲藏,然后出现。

【适合7—12个月婴儿的亲子活动案例】

1. 活动名称:上举落下

活动目标:

(1) 增强下肢力量。

(2) 锻炼反应能力。

活动过程:

(1) 家长扶住孩子的腋下,帮助孩子站立,注意让其整个脚掌着地,腿部伸直,一条腿先上举,再落下。

(2) 左右腿交替进行。根据孩子的实际情况开展活动,避免过于疲劳。

2. 活动名称:对踢大龙球

活动目标:

(1) 增强下肢力量。

(2) 初步练习踢的动作。

活动准备:大龙球。

活动过程:

(1) 家长用一只手托住孩子的臀部,另一只手环抱孩子,甩动孩子的腿,将球踢出。

(2) 其他家庭成员围站成圈,将大龙球踢回给孩子。

3. 活动名称:摇啊摇

活动目标:

(1) 促进前庭觉的发展。

(2) 感受游戏的乐趣。

活动过程:

家长扶住孩子的髋部,让孩子在大龙球上有节奏地摇晃。

4. 活动名称:顶气球

活动目标:

(1) 感知身体位置的变化。

(2) 有目的地完成任务。

活动准备:气球若干。

活动过程:

家长用一只手抱住孩子的腰部,另一只手托住孩子的臀部,帮助孩子用头将球往上顶。

5. 活动名称:起立运动

活动目标:

(1) 增强下肢力量。

(2) 提升空间感知能力。

(3) 初步了解站立的顺序。

活动过程:

(1) 孩子俯卧,家长握住孩子的双臂或手腕。

(2) 家长牵引孩子先跪立,再站。

(3) 家长引导把孩子由站到跪再到俯卧。

6. 活动名称：碰碰敲敲

活动目标：

(1) 练习敲击的动作。

(2) 学习换手，提升动作灵活性。

(3) 初步感知因果关系。

活动准备：积木若干。

活动过程：

(1) 家长摆出积木，与孩子一起探索积木。

(2) 引导孩子敲击积木，使其发出声响。家长可以先示范，双手拿积木，互相敲击。

(3) 家长引导孩子感知敲击积木和发出声音之间的因果关系。

7. 活动名称：抠泡沫板

活动目标：

(1) 练习"抠"的动作。

(2) 促进五指分化。

活动准备：泡沫板一块。

活动过程：

(1) 家长准备材料，引导孩子用手探究泡沫板。

(2) 家长引导孩子用手指抠泡沫板，练习"抠"的动作。

8. 活动名称：捡豆子

活动目标：

(1) 练习拇指和食指相互配合做动作，发展手眼协调能力，促进接受性语言的习得。

(2) 练习有目的的动作，促进有意识动作的发展。

活动准备：芸豆若干。

活动过程：

(1) 家长准备若干芸豆，依次用拇指和食指捡起放到盘子里。

(2) 家长和孩子一起合作捡豆子。

9. 活动名称：找玩具

活动目标：

(1) 提升解决问题的能力。

(2) 理解"里外""前后"的空间关系，丰富空间认知。

活动准备：容器一个，玩具一个，塑封膜一张。

活动过程：

(1) 家长拿起玩具吸引孩子的注意力，然后将玩具放于容器里。

(2) 盖上塑封膜。

(3) 家长引导孩子和自己一起找到玩具，并想办法取出玩具。

10. 活动名称：拍手唱儿歌

活动目标：

(1) 练习“拍”的动作，发展手部控制力。

(2) 促进视觉、听觉、触觉的协调发展。

(3) 提升语言能力。

活动过程：

(1) 家长读儿歌，进行示范。

(2) 家长引导孩子听儿歌，做动作。

儿歌内容：

一二一，拍拍手，我和妈妈练拍手。

两只小手对对碰，拍到妈妈点点头。

一二一，别着急，拍手还要多练习。

【适合13—24个月幼儿的亲子活动案例】

1. 活动名称：塞芸豆

活动目标：

(1) 练习“塞”的动作，增强手眼协调能力。

(2) 提升手部小肌肉的控制能力。

活动准备：

小瓶子一个、10根装于碗内的芸豆。

活动过程：

(1) 家长看护好幼儿的安全，展示材料，引导幼儿一起探索。

(2) 家长左手将透明小瓶外倾，请幼儿看瓶口，用右手拇指和食指捏芸豆对准瓶口，将芸豆缓缓放入，直至全部塞入，然后点头微笑。

(3) 家长展示空碗，举小瓶上下摇动发出声音，一手食指指瓶口，点头示意，微笑。

2. 活动名称：穿线小鱼

活动目标：

(1) 练习“穿”的动作,提高生活自理能力。

(2) 增强手眼协调能力及双手配合能力,发展精细动作。

活动准备:

可穿线的玩具小鱼,线绳人手一根。

活动过程:

(1) 教师简单介绍游戏内容,并分发游戏材料。

(2) 家长引导幼儿用右手的食指、中指和拇指三指拿线头,左手拿小鱼,右手将线头穿过小洞并从另一侧将线头拉出。

(3) 幼儿反复练习,教师讲述活动目的及家庭延伸活动。

3. 活动名称:大家来做操

活动目标:

培养动作模仿能力,发展大运动技能。

活动准备:

用于活动的音乐。

活动过程:

(1) 家长带领幼儿模仿生活中的相应动作。

(2) 亲子共同活动。

歌词:

拉绳,嘿嘿;绕线,绕绕;

打气,气气;兔跳,跳跳。

4. 活动名称:三只猴子

活动目标:

(1) 提升反应能力并练习走的动作。

(2) 感受与家人在一起的愉悦感。

活动准备:活动音乐《三只猴子》(三只猴子在床上跳)。

活动过程:

(1) 唱前三句歌词时,家长手扶幼儿腋下,跟随音乐的节奏让幼儿跨步行进。

(2) 唱第四句歌词时,家长蹲下与幼儿互动,进行眼神与表情交流。帮助幼儿体会音乐的变化。

5. 活动名称:找一找,塞一塞

活动目标:

(1) 提升观察能力。

(2) 提升手眼协调能力和腕部控制能力。

活动准备：嵌板玩具。

活动过程：

(1) 家长依次取出不同形状的积木片，平铺于幼儿面前。

(2) 家长左手拿底板，观察底板上凹陷的形状，右手拇指、食指、中指三指拿一片积木片，观察积木片的形状。

(3) 右手食指指向相应的形状轮廓，拇指、食指、中指三指拿相应形状的积木片嵌入轮廓。

(4) 将全部积木片嵌入底板。

(5) 亲子合作共同完成。

6. 活动名称：乌龟

活动目标：

(1) 了解乌龟的习性及特征，丰富认知。

(2) 培养音乐节奏感，提升身体协调能力。

活动准备：

乌龟图片，活动音乐，相应乐器。

活动过程：

(1) 家长在生活中引导幼儿认识周围的动植物。以乌龟为例，在公园等场所看到真的乌龟时，家长可以让幼儿进行观察，说出乌龟的基本特征和生活习性。

(2) 家长讲述乌龟远足的故事。

(3) 可以倾听与乌龟相关的歌曲，用手拍打节奏，感受音乐的节律。

(4) 亲子一起跟随音节的节奏拍打乐器，可以一边拍打一边跟随节奏前进。

7. 活动名称：捏拢放开

活动目标：

(1) 提升手指的灵活性，理解“捏笼”“放开”的含义。

(2) 增强手部肌肉的控制能力。

活动过程：

(1) 家长引导幼儿跟随歌曲《捏拢放开》做相应动作。

(2) 亲子共同表演。

8. 活动名称：认识叶子

活动目标：

通过视觉、触觉、嗅觉等感觉丰富认知。

活动准备：

不同种类的叶子，安全美工刀，垫板，碗，不透明的袋子。

活动过程：

(1) 用触觉感知叶子。

家长作神秘状，让幼儿猜测袋子中装的是什么，引导幼儿触摸袋子中不同的叶子，并试着说一说感受。

(2) 用视觉感知叶子。

① 家长将叶子从袋中取出，逐一作介绍。

② 家长请幼儿观察叶子的颜色、形状，说一说叶子的不同之处。

③ 家长将叶子切开，请幼儿观察叶子的不同，并进行触摸，试着描述感受。

(3) 用嗅觉感知叶子。

家长请幼儿拿取叶子，闭上眼睛闻一闻，感觉不同叶子的不同味道。

(4) 操作练习。

幼儿拿安全美工刀切一切叶子。

9. 活动名称：舀豆子

活动目标：

(1) 提升观察能力和逻辑思维能力，锻炼精细动作。

(2) 强化使用勺子的正确方法。

活动准备：豆子三种，白色盘子三个，勺子一把。

活动过程：

(1) 家长引导幼儿用拇指和食指捏豆子，指认豆子，进行观察。

(2) 家长引导幼儿正确握勺：左手拿勺子的下端，横举，右手食指、中指、拇指握住勺子中部。

(3) 幼儿将豆子分类舀出，家长检验。

10. 活动名称：找位置

活动目标：

(1) 培养对音乐的感受力。

(2) 体验集体游戏，增强社会交往能力。

活动准备：

呼啦圈或凳子(数量与人数一致)，活动音乐。

活动过程：

家长和幼儿跟随音乐节奏绕圆圈走。音乐停止后，各自占领一个呼啦圈或凳子。未占领呼啦圈或凳子的人失去游戏资格。然后随机拿走一个呼啦圈或凳子，再次进行游戏，直到仅剩一人。

【适合25—36个月幼儿的亲子活动案例】

1. 活动名称：打灰狼

活动目标：

(1) 锻炼手眼协调能力。

(2) 锻炼投掷能力和平衡能力。

(3) 增进亲子感情。

活动过程：

(1) 家长设计游戏情境，自编故事引导幼儿绕障碍打灰狼。

(2) 家长投放玩教具，如投掷球、障碍物(可以是靠垫、矮凳子等)、灰狼(可以是木偶或绘画作品)。

(3) 游戏开始，家长示范游戏规则，带领幼儿一起绕过各种障碍物，从不同方向投掷球打大灰狼。

2. 活动名称：小手动一动

活动目标：

(1) 锻炼手眼协调能力。

(2) 提升手部控制能力和小肌肉灵活性。

(3) 体验分享、合作的乐趣。

活动过程：

(1) 呈现手工作品的成品照片，吸引幼儿动手操作的兴趣。

(2) 提供相应玩教具，如安全剪刀、仿真扣子、手工纸、蜡笔等。

(3) 逐步引导幼儿操作，练习剪、扣、折、画等动作。家长要注意材料的安全性，例如，一定要使用儿童剪刀等。

3. 活动名称：小脑动一动

活动目标：

(1) 提升认知能力，例如，较为深入地了解事物的因果关系；初步感知先后等时间概念；通过实验等探究事物之间的联系；丰富假想活动。

(2) 增进亲子感情。

活动过程：

（1）家长提供相应的玩教具，例如，智慧盒、拼图卡片、简单的实验工具（颜料、空气袋）等。

（2）家长与幼儿共同操作玩教具，帮助幼儿通过各种游戏、实验了解时间和空间关系，形成初步的逻辑思维能力。

4. 活动名称：玩具一家亲

活动目标：

初步感受合作游戏带来的愉快的情感体验。

活动过程：

（1）家长为幼儿提供相应的玩教具，如积木、停车场玩具等。

（2）家长引导幼儿积极与同伴合作，感受多人游戏的活动效果，体会合作的不同方式和合作的乐趣。

5. 活动名称：生活变变变

活动目标：

（1）在日常生活中感受游戏的快乐。

（2）增进亲子感情。

活动过程：

（1）玩木偶游戏。

家长利用木偶装扮自己，与幼儿进行假想游戏。

（2）走平衡木。

家长引导幼儿一起走平衡木，在练习中提升胆量和平衡能力。

（3）戏水。

洗澡时，家长和幼儿共同在浴缸中，利用淋浴喷头、水枪等进行戏水游戏。

（4）玩手电筒游戏。

先关灯，再借助手电筒的光线找玩具，锻炼幼儿的观察能力，增进亲子感情。

随着幼儿年龄的增长，综合性游戏的种类越来越多。家长可以充分利用家庭时间进行多样化的亲子游戏，促进幼儿全面发展。

四、婴幼儿发展的家庭评析指导

家庭发展评析即家长对婴幼儿在家庭中的发展情况进行评价分析。这是家庭教育的重要一环，大部分家长都会对孩子的发展有自己的评价，但这些评价大部分取决于家长的主观感受，科学性有待提升。而婴幼儿发展的科学评价是促进婴幼儿持续、健康发展的前提。本部分结合0—3岁婴幼儿的发展特点，对家庭中科学评析婴幼儿发展给予指导，以期提升家庭教育的质量。

（一）婴幼儿发展评析理念

美国著名学者斯塔弗尔比姆(Daniel L. Stufflebeam)认为，教育评价不应局限于评判决策者所确定的教育目标所达到预期效果的程度，而应该是收集有关教育方案实施全过程及其成果的资料，为决策提供信息的过程。教育评价最重要的意图不是为了证明，而是为了改进，对于家庭教育更是如此。尤其对于0—3岁婴幼儿，他们还处在快速发展的阶段，对其发展情况进行过程性观察，分析发展情况并改进家庭教养环境，提升家庭教育质量，是家庭发展评析的最主要目的。

（二）婴幼儿发展的观察与评估

不同家庭的环境千差万别，让所有的家庭按同一套系统进行早期教育有一定的困难。在这样的情况下，家长科学判断婴幼儿阶段性的发展情况，进行有针对性的引导，显得尤为重要。我们根据婴幼儿发展的基本规律，制订了家长评估表，方便家长在家庭中根据婴幼儿日常表现进行观察记录。评估内容包括婴幼儿发展的五大方面，即大运动技能、精细动作、语言、认知、社会情感。家长只需根据婴幼儿日常表现打“√”即可，方便操作。由于婴幼儿个体的发展速度不同，因此，不能根据某一刻的表现判断其发展状况。婴幼儿在家庭日常情况下的惯有表现才具有判断价值。这份评估表既有婴幼儿发展筛查作用，如通过对声音的反应判断婴儿的听力、情感发展；又有家庭教养指导作用，可以作为家庭日常培养内容，供家长或教师有针对性地改善育儿策略，提升育儿质量。例如，10—12个月婴儿精细动作发展评估中有“拇指、食指动作娴熟”一项。家长可以在家庭中准备大小不等的豆子，如芸豆、红豆、绿豆等(请在家长看护下完成，注意婴幼儿安全)，与孩子玩捏豆子的游戏。等孩子稍大些，可以进行分类游戏等。评估表里的很多评估活动都可以作为家庭游戏的素材。由于婴幼儿发展有个体差异性，家长在使用这份评估表时切忌盲目对孩子的发展程度作出判断。如果在使用评估表的过程中有疑问，请到医院咨询医生，请医生进行专业判断。

表5-1　0—3个月婴儿发展状况家长评估表

发展领域	评估内容	家长在(　　)内打“√”
大运动技能	1个月左右，被垂直抱起后头部能自行竖立2—3秒	是(　　)　否(　　)
	2—3个月时，俯卧情况下能自主左右转头	是(　　)　否(　　)
	3个月左右，被垂直抱起后头部能自行竖立10秒以上	是(　　)　否(　　)
	3个月左右，可以从卧位变侧卧位	是(　　)　否(　　)

续 表

发展领域	评估内容	家长在( )内打"√"
精细动作	1个月左右手掌碰到东西可自动握紧	是( ) 否( )
	2个月左右能抓玩具2—3秒	是( ) 否( )
	3个月左右,仰卧时能将双手放一起,能放开手指摸东西	是( ) 否( )
语　言	关注声音并有反应	是( ) 否( )
	心情愉悦时会发出声音	是( ) 否( )
	游戏中会发出应答性声音	是( ) 否( )
认　知	能注意眼前的物品	是( ) 否( )
	对亲近的人的声音敏感,听到他们的声音会转向	是( ) 否( )
	会寻找奶头	是( ) 否( )
	能对外界进行扫视	是( ) 否( )
社会情感	对成人有社会性微笑	是( ) 否( )
	躺在成人的怀里能露出平静的表情	是( ) 否( )
	不舒服时会哭泣	是( ) 否( )

表5-2　4—6个月婴儿发展状况家长评估表

发展领域	评估内容	家长在( )内打"√"
大运动技能	能抬头90°	是( ) 否( )
	能翻身	是( ) 否( )
	在大人扶住腋下的情况下,可以坐稳5秒钟	是( ) 否( )
	在大人扶住腋下的情况下,可以站2秒钟	是( ) 否( )
精细动作	能握住拨浪鼓摇晃	是( ) 否( )
	会将物品放入口中	是( ) 否( )
	能先后抓住两块积木	是( ) 否( )
语　言	关注人的声音并有所回应	是( ) 否( )
	交往或哭泣时能发出声音	是( ) 否( )
	会发出简单的音节来吸引成人的注意	是( ) 否( )
认　知	能比较集中地注意人脸、声音或有偏好的事物	是( ) 否( )
	开始喜欢与亲近的人接触	是( ) 否( )
	能区分不同性别的脸	是( ) 否( )
社会情感	见到熟悉的人会微笑	是( ) 否( )
	成人拥抱或抚慰时能停止愤怒的哭声	是( ) 否( )
	对表现哭或笑的图片的注视时间会延长	是( ) 否( )

表 5-3 7—9 个月婴儿发展状况家长评估表

发展领域	评估内容	家长在( )内打“√”
大运动技能	独坐自如	是( ) 否( )
	双手扶物可站立	是( ) 否( )
	会爬	是( ) 否( )
	在成人拉住双手的情况下会朝前走	是( ) 否( )
精细动作	能自己取一块积木,然后再取一块积木	是( ) 否( )
	试图取第三块积木	是( ) 否( )
	能用拇指和食指捏住小东西	是( ) 否( )
语言	会发出 da da/ma ma 的声音,但无所指	是( ) 否( )
	会模仿简单的声音	是( ) 否( )
	会表示欢迎、再见	是( ) 否( )
认知	会伸手够远处的玩具	是( ) 否( )
	会持续用手追逐玩具	是( ) 否( )
	能用积木对敲	是( ) 否( )
	会换手拿积木	是( ) 否( )
社会情感	照镜子时会觉得有趣	是( ) 否( )
	能认生人	是( ) 否( )
	懂得成人的面部表情	是( ) 否( )
	会表示不要	是( ) 否( )

表 5-4 10—12 个月婴儿发展状况家长评估表

发展领域	评估内容	家长在( )内打“√”
大运动技能	扶着栏杆可以向前行走	是( ) 否( )
	扶着辅助物能够蹲下取物	是( ) 否( )
	能够独站片刻	是( ) 否( )
	大人牵着一只手的情况下可以朝前走	是( ) 否( )
精细动作	拇指、食指动作娴熟	是( ) 否( )
	能全掌握笔	是( ) 否( )
	会试着把小球投入小杯子	是( ) 否( )
语言	能模仿大人发出一些简单的语音	是( ) 否( )
	能有意识地发单个字音	是( ) 否( )
	能有意识地叫“爸爸”“妈妈”	是( ) 否( )
认知	能拿掉扣住积木的杯子	是( ) 否( )
	会寻找盒内的东西	是( ) 否( )
	能模仿他人推玩具小车	是( ) 否( )
	能较为准确地盖上瓶盖	是( ) 否( )

续 表

发 展 领 域	评 估 内 容	家长在( )内打“√”
社会情感	知道常见物品的名称或人的称呼，会进行表示	是( ) 否( )
	懂得说“不”	是( ) 否( )
	能模仿大人安抚自己的行为拍娃娃	是( ) 否( )
	穿衣服的时候知道配合大人	是( ) 否( )

表 5－5　13—15 个月幼儿发展状况家长评估表

发 展 领 域	评 估 内 容	家长在( )内打“√”
大运动技能	能够自如地独自行走	是( ) 否( )
精细动作	会自发进行涂鸦	是( ) 否( )
	会从瓶子中拿到小物体	是( ) 否( )
语　言	会指眼、耳、鼻、口、手中的三个	是( ) 否( )
	会说 3—5 个字	是( ) 否( )
认　知	能翻书	是( ) 否( )
社会情感	会脱袜子	是( ) 否( )

表 5－6　16—18 个月幼儿发展状况家长评估表

发 展 领 域	评 估 内 容	家长在( )内打“√”
大运动技能	会用力扔球	是( ) 否( )
精细动作	会模仿画简单的线条	是( ) 否( )
语　言	会说十个字	是( ) 否( )
认　知	会用至少四块积木逐层垒高	是( ) 否( )
社会情感	白天会控制大小便	是( ) 否( )

表 5－7　19—21 个月幼儿发展状况家长评估表

发 展 领 域	评 估 内 容	家长在( )内打“√”
大运动技能	能踮脚走	是( ) 否( )
	能扶墙上楼	是( ) 否( )
精细动作	能将细线穿进用于锻炼精细动作的纽扣玩具	是( ) 否( )
语　言	能回答简单问题	是( ) 否( )
	会说 3—5 个字的句子	是( ) 否( )
认　知	能用 7—8 块积木逐层垒高	是( ) 否( )
社会情感	开口表示个人需要	是( ) 否( )

表 5－8　22—24 个月幼儿发展状况家长评估表

发 展 领 域	评 估 内 容	家长在( )内打“√”
大运动技能	能双脚跳离地面	是( ) 否( )
精细动作	能将线穿进用于锻炼精细动作的纽扣玩具并拉过线	是( ) 否( )

续　表

发展领域	评估内容	家长在(　)内打"√"
语　言	能说出两句以上的儿歌	是(　　)　否(　　)
	会问:"这是什么?"	是(　　)　否(　　)
认　知	会一页页翻书	是(　　)　否(　　)
社会情感	能说出常见物品的用途	是(　　)　否(　　)

表 5-9　25—30 个月幼儿发展状况家长评估表

发展领域	评估内容	家长在(　)内打"√"
大运动技能	能独自上楼、下楼	是(　　)　否(　　)
	能单脚站 2 秒	是(　　)　否(　　)
精细动作	能模仿画竖线	是(　　)　否(　　)
	能模仿搭积木	是(　　)　否(　　)
语　言	会说 8—10 个字的句子	是(　　)　否(　　)
	能说出图片中物品的名称(10 个)	是(　　)　否(　　)
认　知	认识大小	是(　　)　否(　　)
	知道红色	是(　　)　否(　　)
	知道"1"和"许多"	是(　　)　否(　　)
社会情感	会脱单衣或裤子	是(　　)　否(　　)
	开始有是非观念	是(　　)　否(　　)
	能够准确地来回倾倒小物品	是(　　)　否(　　)

表 5-10　31—36 个月幼儿发展状况家长评估表

发展领域	评估内容	家长在(　)内打"√"
大运动技能	能够立定跳远	是(　　)　否(　　)
	能两脚交替跳	是(　　)　否(　　)
精细动作	能模仿画圆	是(　　)　否(　　)
	能模仿画十字	是(　　)　否(　　)
语　言	能说出性别	是(　　)　否(　　)
	理解"冷了""饿了""累了"的含义	是(　　)　否(　　)
	能执行家长说出的一些简单指令	是(　　)　否(　　)
	能说出图片中物品的名称(14 个)	是(　　)　否(　　)
认　知	理解"里""外"的含义	是(　　)　否(　　)
	认识两种颜色	是(　　)　否(　　)
	懂得数字"2"	是(　　)　否(　　)
社会情感	会穿鞋子	是(　　)　否(　　)
	会解扣子	是(　　)　否(　　)
	会扣扣子	是(　　)　否(　　)

拓展阅读

亲子共读图书推荐

以下是部分适合亲子共读的图书，按照适合的年龄段进行了区分。

适合1—2岁幼儿：

1.《小鸡球球触感玩具书》(全5册)，[日] 入山智/著·绘，崔维燕/译，长江少年儿童出版社2016年出版。

2.“猜猜我是谁”系列，[美] 尼娜·兰登/著·绘，张芳/译，北京联合出版公司2014年出版。

3.“动动小手好礼貌”系列，宫西达也/著，连环画出版社2016年出版。

4.“米菲绘本系列”(第一辑、第二辑全20册)，[荷] 迪克·布鲁纳/著，童趣出版有限公司/编译，人民邮电出版社2017年出版。

5.《棕色的熊、棕色的熊，你在看什么?》，[美] 比尔·马丁/文，[美] 艾瑞·卡尔/图，李坤珊/译，明天出版社2018年出版。

6.《背背 背背》，[日] 长新太/文·图，蒲蒲兰/译，二十一世纪出版社2009年出版。

7.《数一数，亲了几下》，[美] 凯伦·卡兹/著，漆仰平/译，北京联合出版公司2019年出版。

8.《牛来了》，王金选 等/文，廖健宏/图，明天出版社2016年出版。

适合2—3岁幼儿：

1.《我爸爸》，[英] 安东尼·布朗/文·图，余治莹/译，河北教育出版社2019年出版。

2.《我妈妈》，[英] 安东尼·布朗/文·图，余治莹/译，河北教育出版社2019年出版。

3.“宫西达也妈妈的奶系列”(全4册)，[日] 宫西达也/著，朱自强/译，接力出版社2019年出版。

4.《嗨哟嗨哟爬高高》，[比] 马里奥·拉莫/文·图，刘明/译，北京联合出版公司2013年出版。

5.《嗷呜！嗷呜!》，抹布大王/文·图，明天出版社2017年出版。

6.《我的连衣裙》，[日] 西卷茅子/文·图，彭懿/译，明天出版社2009年出版。

7.《好想好想吃草莓》，刘航宇/著，接力出版社2019年出版。

8.《荡秋千》，麦克小奎/著·绘，中国少年儿童出版社2017年出版。

【本章小结】

本章内容主要包括家庭亲子活动的设计依据，即婴幼儿发展的基本规律；家庭一日生活中的教养内容；家庭亲子活动在一日生活当中如何设计及指导；家长在家庭亲子活动中如何科学评析婴幼儿的发展过程。系统学习本章有助于教师科学指导家庭亲子活动，提升早期教育质量。

【学习活动】

4—5 人一组进行情景模拟，根据婴幼儿的不同月龄，对婴幼儿家长进行家庭亲子活动指导，包括活动设计、实施、评析。

【复习与思考】

1. 简要分龄阐述家庭亲子活动的设计依据。

2. 简要阐述家庭亲子活动的内容。

3. 尝试分龄、分领域设计家庭亲子活动并开展指导，包括活动目标、活动准备、活动过程、活动评价。

4. 尝试分龄指导家长在家庭环境中评析婴幼儿的发展情况。

第六章　婴幼儿养育常见问题及指导建议

☞　**学习目标**

了解不同月龄婴幼儿常见的养育问题，掌握问题背后的原因及相应的指导方式。

对新手教师、父母而言，缺少育儿经验、对孩子不了解，会影响育儿质量，不利于良好亲子关系的建立及婴幼儿成长。本章将带领大家一起了解0—3岁婴幼儿养育过程中常见的问题，找到行之有效的解决方法，优化亲子活动质量的同时帮助建立更亲密的亲子关系。

一、0—3个月婴儿养育常见问题及指导建议

（一）游戏的选择

孩子出生后，妈妈开始研究起了早教中心，一心想让孩子"赢在起跑线上"。家里长辈觉得孩子那么小，能学什么。那么，到底孩子多大开始进行早期教育呢？

1. 原因

婴儿期的个体正处于大脑皮层发育的敏感期，在环境刺激的影响下，神经纤维和突触以惊人的速度增长，这是婴儿许多新能力产生的生理基础。研究发现，受到环境输入刺激的神经元能继续不断地发育出新的突触，而没有受到刺激影响的神经元则很快就死亡。[①] 神经连接的形成标志着能力的提高，早期教育就是给婴幼儿提供适宜的丰富的刺激，帮助婴幼儿产生脑神经之间的连接并且稳固下来，进而促进脑神经的发育。从理论根源上看，早期教育从生命的开端就已经开始了，且从心理学、教育学、哲学等方面也可以找到相应的理论依据。

2. 指导建议

在良好的安静觉醒条件下，成人发出轻柔的声音会吸引新生儿的注意力，新生儿会张开嘴尝试模仿成人的唇部动作。婴儿正在通过感官从周围的环境里吸收大量的信息。因此，给婴儿创设丰富的看、听、触摸的环境是最主要的早期教育形式，例如，看适龄的颜色卡，听轻柔的音乐，身体抚触等。家长可以根据需要，自备材料在家里进行活动，也可以去早教中

---

① 方富熹，方格.儿童发展心理学[M].北京：人民教育出版社，2005：181.

心(托育机构)接受指导后再在家里进行相关练习。

(二) 信号的识别

孩子出生后经常哭闹,搞得妈妈心疼得手忙脚乱,总是担心孩子是不是生病。孩子还不会清晰地表达,只是哭,这可怎么办?

1. 原因

婴幼儿学习发音是从啼哭开始的。由于不会用语言直接表达,“哭”就被婴幼儿赋予了一定的意义。一般情况下,婴儿啼哭是想要表达以下几个意思:一是饿,这是最常见的表达;二是湿,如尿湿等不舒服的情况;三是冷热等不适宜;四是生病不舒服。

2. 指导建议

家长要及时了解孩子的需求,对孩子的作息有一定的了解和掌握。这可以从一定程度上帮助家长理解孩子发出的“信号”背后的意义。孩子喝奶、排便的时间和次数通常都是有规律的。家长在育儿过程中应做个有心人,多多总结规律。另外,仔细的护理能够使孩子身体舒适,也有助于其保持愉快的情绪。例如,便后的护理:孩子便后及时用温水或湿巾清洗其臀部,注意清洗时要擦干净皮肤皱褶处,尤其是女婴,清洁其外阴部时应该由前往后擦洗。另外,为孩子提供适宜的环境温度也十分重要。家长应注意根据不同的温度灵活增减孩子的衣物。家长可以用手去触碰孩子的后颈部,因为婴儿心脏的力量较弱,四肢的血量较少,因此其手脚常常会出现较为冰凉的情况。感知婴幼儿后颈部的温度能够分辨其身体的冷暖。温热是正好的状态。

二、4—6 个月婴儿养育常见问题及指导建议

(一) 安全型依恋

孩子出生没多久,哭闹时只要妈妈在身边,很快就能安静下来了。有一次,妈妈不在,其他人怎么哄也哄不好。难道孩子这么小就挑人了吗?

1. 原因

出生后 6 周到 6 个月是依恋的形成阶段,这个阶段的婴儿感知能力明显增强,已经能区分经常照顾自己的重要成人,比如妈妈。妈妈在身边时,孩子就会有很强的安全感,因为妈妈能读懂孩子。由于其他人不总和孩子待在一起,对其需求不能及时给予反馈,容易使得孩子不舒服,所以孩子会更期待和妈妈或持续照顾他的人待在一起。

2. 指导建议

面对这个阶段的孩子,家长不要焦虑。因为缺乏安全感而哭闹不是孩子性格不好的表

现，相反，是孩子感知能力提升的表现。我们要读懂孩子，充分了解孩子的需求。孩子的需求基本通过两种方式表达，一是哭，这是最常见的表达方式，且广泛用于各个方面，如饿、尿湿、身体不适、害怕等；二是表情，也称之为表情语言，如果孩子眼睛睁大，表情呆滞，可能是拉“臭臭”了，喜怒哀乐等基本情绪也会通过表情表达出来。我们要根据需求给予及时反馈，帮助孩子解决困难并安抚情绪，增强孩子的安全感，帮助其形成安全型依恋。拥有安全感的孩子对他人和外界环境抱有积极的情感，长大后会有更多的亲社会行为，为以后的社会情感发展奠定良好的基础。

（二）爬行准备

小玲是家里的第二个孩子。小铃的姐姐在成长过程中没有学爬就会走了，妈妈看书上写爬行对孩子的发育非常重要，为防止出现姐姐的情况，妈妈提前让小玲俯卧，摆好爬行的姿势，可小玲非常排斥，哭闹不安。

1. 原因

爬行可以帮助孩子扩大探索空间，增强感知能力。适度的爬行可以提升婴幼儿肢体的协调性，预防感统失调的发生。所以，爬行对婴幼儿生长发育必然是有很多好处的。

2. 指导建议

爬行的前提是四肢的力量足够强大，足以支撑身体的重量，且协调性较好，可以手脚协作完成爬行动作。在 1—6 个月婴儿阶段，我们一般通过被动操来增强孩子的四肢力量。通过每天坚持做被动操，可以增强孩子的动作灵敏性，使孩子的肌肉更加发达，为爬行做好准备。

【婴儿被动操】

第一节　两臂胸前交叉

准备：婴儿仰卧，成人握婴儿手腕，婴儿握成人拇指。

动作：(1) 两臂左右分开平展。

　　　(2) 两臂胸前交叉。

（重复两个 8 拍）

第二节　伸屈肘关节运动

准备：婴儿仰卧，成人握婴儿手腕，婴儿握成人拇指。

动作：(1)左臂肘关节屈曲。

　　　(2) 伸直还原。

（左右臂轮流做，重复两个 8 拍）

第三节　肩关节运动

准备：婴儿仰卧，成人握婴儿手腕，婴儿握成人拇指。

动作：(1) 成人握住婴儿手腕向头部方向顺时针绕一周，还原。

(2) 同样方法锻炼另一肩关节。

第四节　伸展上肢运动

准备：婴儿仰卧，成人握婴儿手腕，婴儿握成人拇指。

动作：(1) 两臂平举，胸前交叉。

(2) 两臂上举，还原。

第五节　伸屈踝关节

准备：婴儿仰卧，成人握婴儿手腕，婴儿握成人拇指。

动作：(1) 成人左手握住婴儿踝关节，右手握住婴儿的脚，使脚上下运动。

(2) 还原，左右脚踝交替运动。

第六节　两腿轮流屈伸

准备：婴儿仰卧，两腿伸直，成人两手握住婴儿踝部。

动作：(1) 左膝关节屈曲，膝盖缩近腹部。

(2) 伸直还原。

(两腿轮流做，重复两个 8 拍)

第七节　下肢伸直上举

准备：婴儿仰卧，两腿伸直，成人两手握住婴儿踝部。

动作：(1) 两腿伸直上举与腹部成直角(臀部不离开床面)。

(2) 还原。

(重复两个 8 拍)

第八节　转体、翻滚运动

准备：婴儿仰卧，成人用右手握着婴儿两手。

动作：(1) 成人左手帮助婴儿翻身，使婴儿俯卧。

(2) 左右交替进行。

三、7—9 个月婴儿养育常见问题及指导建议

(一) 因果关系

小丽最近总喜欢动作重复地操作周围的玩具，如推不倒翁，能重复好久。这种情况正常吗?

1. 原因

6—8 个月的婴儿，大运动技能和精细动作能力都在快速发展，随着动作能力的提升，婴儿对周围事物的探索能力也在逐渐增强。通过重复的动作探索事物的因果关系，能够有效促进婴儿认知能力的发展。

2. 指导建议

家长可以为孩子提供一些安全的玩教具，供孩子独立探索操作。每次提供一个适龄玩教具，为孩子找到安静的角落。操作中，家长可以适时引导，但不要过多干预，持续的操作有助于培养孩子的专注力和探索能力。适合 7—9 个月孩子的游戏有推不倒翁、拍鼓、捏软球、转小风车、搭积木、抠洞、拨电话等。

【范例】

活动名称：拍鼓

活动目标：

(1) 动作目标：练习拍的动作，发展上肢灵活性。

(2) 认知目标：发展有意动作。

活动准备：儿童鼓一个

活动过程：

(1) 家长举起手空握几下吸引孩子的注意力。

(2) 语言与动作结合，家长拍铃鼓并说“拍”，微笑点头。

(3) 连续进行，左右手交替。注意配合语言。

活动延伸：

家长可以在家中选取不同材质的安全物品进行拍打，如木板、塑料、被子等，让孩子在重复操作中感知不同材质物体拍打出的声音的区别。

(二) 口欲期

陶陶总喜欢把玩具往嘴里放，家长觉得不卫生，试图制止。可陶陶总是在家长不注意的时候又把玩具放到嘴里。家长到底该怎么办呢？

1. 原因

5 个月开始到 1 岁左右是婴儿发展过程中的“口欲期”。在这一时期，婴儿通过嘴的感受去探索外界事物，这是非常重要的探索阶段。

2. 指导建议

家长应为孩子提供安全卫生的物品，如牙胶、曼哈顿球等，给孩子探索的机会，满足其探索的需求。盲目阻止孩子探索的欲望会在探索能力发展初期剥夺其探索的动力。而探索能力是孩子认识新事物、掌握新技能的基础。由于口欲期的探索是随时随地发生的，家长不能保证孩子只探索牙胶等可接触口部的玩具，为孩子所有玩具和生活用品把好质量关就显得尤为重要。家长在给孩子挑选玩具时要注意认准“中国强制性产品认证”(China Compulsory Certification，英文缩写 CCC，简称 3C)。3C 标志是国家最基础的安全认证。挑选塑料玩具时要尤为注意，应选择无毒的 ABS 塑料玩具，其品质更有保障。油漆产品是危险系数较高的产品，一定要选择正规品牌的玩具，符合国家检测标准。

(三) 陌生人焦虑

宝宝从 6 个月开始，认生现象越来越严重，家里来陌生人就哭，客人和他打个招呼都不行。这可怎么办呢?

1. 原因

这种现象被称为“陌生人焦虑”，是一种生物学上的保护性本能，表现在与陌生人接触时会有强烈的不安全感。而新生儿认知能力还没有发展起来，还不能区分熟悉的人和陌生人。6 个月以后，随着认知能力的提升，婴儿看到陌生人就表现出哭闹不安，这说明其已经能区分熟悉的人和陌生人，且能意识到陌生人可能威胁到他的安全。

2. 指导建议

“陌生人焦虑”是孩子自我保护的本能表现，家长切忌强迫孩子与陌生人接近。家长可以让孩子在大环境中多接触友好的人和事，促进孩子亲社会行为的发展，例如，父母可以多带孩子到户外晒太阳，接触其他人且友好地打招呼，让孩子感受到社会交往的快乐，逐渐认识到他人也很友好，不会有危险。定期参加集体亲子活动也是一个不错的选择。在教师的带领下，孩子可以在与家长、教师的互动中感受爱、尊重与积极的回应，有利于亲社会行为的习得。

(四) 分离焦虑

强强只要妈妈，妈妈一离开就大哭不止，怎么也哄不好。强强妈妈一点自己的时间都没有，妈妈很苦恼。

1. 原因

研究表明，6 个月左右的婴儿对妈妈的依赖明显增强，且不能接受妈妈的离开。这是因为婴儿在生活经验中发现妈妈是最了解他需求的人，一旦妈妈离开，他痛苦的经历可能会延长，因为其他人不能快速读懂他的需求。这是最初的社会性依恋，整个学前期都会有，14—20个月达到顶峰，之后程度逐渐降低。

2. 指导建议

妈妈可以在家和孩子玩捉迷藏的游戏，让孩子逐渐适应妈妈不在眼前但能很快回来的过程。妈妈如果要离开孩子，需要提前进行安抚，告诉孩子自己一会儿就会回来。另一位照护者要和妈妈一样快速读懂孩子的需求，及时满足孩子，不要给孩子带来不舒适的感受。开始时，另一位照护者可以用食物和玩具吸引孩子的注意力。慢慢地，孩子发现妈妈只是短时间离开，马上就会回来。这样，可以逐渐缓解分离焦虑。

四、10—12个月婴儿养育常见问题及指导建议

（一）“我”长大了

小宝最近添了一个“毛病”，总是给父母捣乱，不停地往地上扔玩具。父母把玩具捡起来，小宝又扔到地上，怎么提醒也不行。小宝这样也太调皮了，可怎么办呢？

1. 原因

随着神经系统的发育，10—12个月婴儿的动作能力明显增强，可以用手操作各种玩教具。拍、扔、捏等简单的动作最先发展，于是，婴儿开始反复尝试，以显示自己的能力。玩的过程中，婴儿也会发现，扔的动作可以马上叫来父母和他互动，扔，捡，再扔，再捡，也很有趣呢！

2. 指导建议

家长应支持孩子的发展需求，为其准备各种耐摔、可捏、可拍、可听声音的玩具，如软胶玩具、小鼓等，为其创造探索、玩耍的空间。同时，家长应与孩子玩高质量的游戏，全情投入，积极与孩子互动，满足其交往、互动的需求。但是，如果孩子大了还有这样的行为，就是故意破坏了，需要家长进行管教。

（二）性别差异

强强妈妈发现小区里一起玩的女孩子好多都可以叫爸爸妈妈爷爷奶奶了，可是儿子强强什么也不会说。这该怎么办呢？

1. 原因

有研究显示，女孩的左脑发育比男孩快。左脑对词汇、拼写、记忆等方面的能力有主要影响。所以，女孩在语言方面的发展一般会比男孩有明显优势。而男孩更多的是在对物体

的操作中获得成长，在玩耍中逐渐形成独立思考能力，更擅长逻辑思维。

2. 指导建议

家长要尊重孩子的成长规律和特点，了解男孩女孩成长中的区别。在提供玩具时，家长可以既满足孩子的需求和兴趣，又注意多样性和互补性，例如，可以多为男孩创造丰富的语言环境，生活中多与男孩沟通。如果孩子还不能通过口头语言进行互动，表情和肢体语言也是沟通和表达的重要方式。有了一定的积累，后面自然会有输出。读绘本也是不错的选择。家长可以为孩子选购一些适龄绘本，如蒲蒲兰绘本馆“动动小手 好礼貌”系列绘本、“小鸡球球”系列绘本等。等孩子大一些，家长可以和他们一起玩一些角色游戏，锻炼其沟通能力。家长也可以多为女孩提供积木、小车等玩具，丰富其操作物品的环境。

五、13—15 个月幼儿养育常见问题及指导建议

（一）行走敏感期

鹏鹏最近学会了走路，每天到处走，连卫生间、厨房也不落下，还总会进去乱翻物品。这可怎么办？

1. 原因

1—2 岁的幼儿进入了行走敏感期。所谓“敏感期”，即婴幼儿某项能力发展的某个特定阶段。家长应为孩子创造适宜的环境，让孩子在与环境的互动中自然掌握相关的本领。如果家长不能准确理解孩子发展的敏感期，而阻碍孩子的发展，就会引起孩子的消极情绪。学会走路对婴幼儿来说意义重大。学会走路后，幼儿探索的空间范围增大，拥有更多的自主性。这对其社会性发展有很大影响。同时，由于探索空间增大，外界刺激增多，学会走路对幼儿的认知发展也有一定的促进作用。

2. 指导建议

家长要了解孩子的行走敏感期，创造安全的行走环境。建议家长和孩子一起开展如下活动。

（1）目标性游戏

家长可以结合生活情境给孩子一些任务，如拿拖鞋、拿水果等，让孩子感受到增加本领给生活带来的便利。这样既锻炼了孩子的行走能力，又让孩子有成就感。

（2）技能性游戏

家长可以根据孩子的能力适时增加活动的难度，锻炼其向前、向后、侧身行走、跨越障碍、走平衡木等，提升孩子身体的协调性、平衡能力、控制力、反应能力、克服困难的能力等。

（3）趣味性游戏

家人一起玩亲子游戏，锻炼孩子的行走能力。例如，可以开展行走比赛，妈妈和孩子一

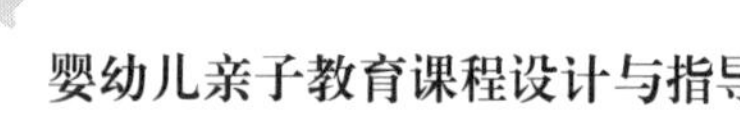
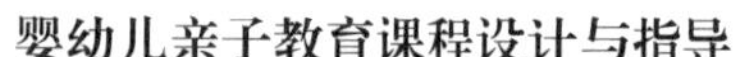

起出发，看谁先走到爸爸身边。多样的游戏既能锻炼孩子的行走能力，又能增进亲子感情。

（二）发脾气

巧巧是个可爱的小宝宝，过了1岁后，变得爱发脾气了，总是乱打乱闹，动不动就大哭，给家人带来了难题。

1. 原因

随着年龄的增长，活动空间的增大，幼儿的想法越来越多，需求也更丰富，但其语言能力还没有完全发展好，很多想法难以表达。当想法不能马上实现时，幼儿就可能发脾气。由于年龄小，没有安全意识和分析能力，又总被大人限制，这时，幼儿就会有挫折感，通过哭闹来表现内心的不满。

2. 指导建议

发脾气是情绪发泄的本能表现，我们要允许孩子发泄情绪。孩子大发脾气时，家长要理性分析原因，既不能让孩子的情绪导致自己情绪的强烈波动，也不能迁就孩子，让孩子养成通过发脾气达到目的的坏习惯。对于这个年龄的幼儿，我们可以用以下方法疏导孩子的情绪。

（1）转移注意力

家长可以通过游戏吸引孩子的注意力，让其暂时忘掉不快，例如，为孩子找到一个有趣的玩具或一本喜欢的书籍。进行愉快的亲子游戏也是不错的选择。

（2）发泄情绪

家长可以帮助孩子用积极的方式发泄情绪，例如，带领孩子去扔沙包、散步等，借助运动把消极情绪释放出去。

六、16—18个月幼儿养育常见问题及指导建议

（一）延迟模仿

巧巧看到小朋友生气跺脚，觉得很好笑。过了几天，她突然在家里模仿起这个动作，逗得大家哈哈大笑。为什么当时不模仿，过几天才进行模仿呢？

1. 原因

婴幼儿通过生活中的所看所听形成注意、记忆、思维，用自己的动作把所看所听的事物表现出来就是模仿。在原型消失一段时间后的模仿就是延迟模仿。这是回忆的表现，一岁半左右开始出现，延迟的时间最长可达几个月。

2. 指导建议

这个阶段的婴幼儿感知、记忆等能力有了明显的提升，模仿是最主要的学习方式。因此，家长要做到以下几点。

(1) 树立榜样

父母是孩子的第一任老师，家庭环境对婴幼儿的成长至关重要，家长是孩子主要的学习榜样。因此，家长要有好的行为习惯，为孩子做好榜样。

(2) 相信教育坚持的力量

教育的效果经常是隐形的，需要长期积累和坚持。家长要为孩子创造多元的学习环境，有些变化需要长期的积累才能显现，要相信孩子。

（二）说“不”

最近孩子总爱说“不”，无论什么情境什么问题，都用“不”来回应，给大人的感受就是比较叛逆。这样下去，孩子长大会不会特别不听话呢？

1. 原因

15 个月开始，幼儿的自我意识逐渐萌芽，认识到自己是一个独立的个体，有自己的想法，可以独立表达。为了显示自己的想法，幼儿经常说“不”，或是用反抗的方式回应成人的话。有些时候，幼儿往往还没有理解清楚成人的意思。

2. 指导建议

家长需要了解孩子说“不”是独立性的体现。这个阶段，家长需要判断孩子的行为是否有危险性，如果没有危险，不妨满足孩子表现独立性的愿望，忽视他们不合理的“不”，具体方法如下。

(1) 忽视表面上的“不”

很多时候，孩子只是表面上说“不”，并不影响其听从父母的引导。孩子只是通过语言表现自己的独立性。比如，家长叫：“宝宝吃水果啦！”孩子马上说：“不。”行动上却把水果吃进肚子里了。这时候，家长不用理会孩子的语言，过了这个阶段就好了。

(2) 转移注意力

如果孩子的“不”是指去做一些危险或不得当的事，那么最好的办法就是转移注意力，用其他有趣的事物去吸引孩子。

(3) 适时进行独立性的培养

这个阶段正是培养孩子独立性的关键期。这一阶段，孩子可能期待自己做一些事情，如吃饭、穿衣等，大人往往觉得孩子做不好，自己还要在一旁帮忙，很麻烦。这时，哪怕孩子做不好，只要他们想尝试，家长就应该让他们自己来，增加他们的经验，增强他们的信心。

七、19—21个月幼儿养育常见问题及指导建议

（一）同伴交往

这段时间，妞妞开始对与小朋友一起玩耍表现出强烈的兴趣，但每次也没有太多的互动，还总会有一些争执，甚至大哭大闹，主要表现在争抢玩具上。到底该不该带她去和小朋友一起玩呢？

1. 原因

这个阶段的幼儿探索能力大大增强，开始关注到周围的同伴，喜欢尝试和他们一起游戏。但是，由于认知水平有限，他们还处在平行交往阶段，没有深入互动的过程。幼儿在游戏中常常表现出自我中心主义，即以自己的想法决定一切，经常发生矛盾。

2. 指导建议

这个阶段，家长应该为孩子提供积极的交往环境，让其在与同伴的交往中获得成长。交往过程中，孩子容易出现自我保护的行为，比如争抢玩具等。家长切忌盲目干预，既不可让孩子过度谦让，也不能让孩子争抢不断。家长可以针对不同性格的孩子采用不同的解决策略。

（1）霸道型幼儿

家长可以为孩子准备两个以上的玩具。孩子出现争抢行为时，家长可以用其他玩具适时转移其注意力，或教给孩子交换玩具的方法。这种策略对霸道型幼儿很有用。当手里不止有一个玩具时，孩子会更容易降低分享的底线。当孩子想要占有其他人的玩具时，家长可以引导孩子与他人交换玩具，这种成功的经验能够帮助其掌握友好交往的方法。

（2）胆小型幼儿

对于胆小的孩子，如果他们的玩具被抢走，会很伤心。家长要引导其想办法要回玩具，建构积极的交往感受，防止因为一些消极经验导致孩子拒绝交往。

（3）孤僻型幼儿

孤僻型幼儿可能并不是真的不想和其他小朋友交往，而是不知道该怎样交往。家长应以身作则，积极与他人交往，并帮助孩子融入小朋友的环境。如果孩子就是不喜欢与人交往，家长可常带孩子到小区公共区域等人多的地方，逐步为孩子创造交往的乐趣。

（二）专注力培养

小强玩玩具时总是这个摸一下，那个动一下，很难全心全意认真玩一个玩具，这正常吗？

1. 原因

这种现象是专注力有待提升的表现。专注力影响精细动作和认知能力的发展，对幼儿一生的发展起重要作用。通常，专注力发展得好的幼儿，精细动作发展得也更好，认知能力更强。

2. 指导建议

专注力培养需要从建立良好的行为习惯开始，具体方法如下。

(1) 创设合适的环境

孩子投入做某件事情时，家长需尽量为其创设安静的环境，鼓励孩子独立思考，独立操作，孩子需要帮忙时再参与。这样的环境可以有效帮助孩子主动探索，在探索操作中不断提升专注力。

(2) 控制玩具的数量

每次给孩子提供一种玩具，单一的玩具可以让孩子专心操作，有效培养其专注力。

(3) 培养一定的兴趣

从兴趣着手，运用孩子感兴趣的玩具或书籍，帮助孩子养成认真专注的习惯。兴趣可以延长注意力集中的时间，是提升专注力的有效助力。

(三) 自我认知

妞妞 21 个月的时候，吃饭时突然说："我要吃饭！"妈妈很高兴，妞妞居然会用代词了，原先都是说"宝宝要吃饭"。

1. 原因

随着婴幼儿语言能力的发展，1—1.5 岁的幼儿能知道自己的名字并能用名字称呼自己，这代表幼儿把自己作为一个客体来认识，2 岁左右的幼儿开始使用代词"我"来表达，说明此时幼儿把自己当作一个主体。阿姆斯特丹(B. Amsterdam)的点红实验说明 24 个月左右的幼儿开始具备自我意识。

2. 指导建议

这个阶段的孩子需要家长通过多种游戏帮助其发展自我认知。如玩游戏"指五官"，让孩子跟着家长指认五官，了解自己身体的部位。日常交流中，家长也可以尝试用代词"你""我""他"与孩子进行交流，帮助孩子建构自我认知。家长也可以用儿歌、游戏的方式让孩子理解"你的""我的""他的"，促进孩子自我认知概念的形成。

(四) "手的思维"

听很多家长说发展手的动作很重要，那我们需要给孩子多做些手指操吗？还可以进行

什么手部运动?

1. 原因

皮亚杰的认知发展理论指出，0—2 岁是感知运动阶段，即婴幼儿通过亲身感知认识事物，促进认知能力发展的阶段。也有人把婴幼儿的思维称作“手的思维”，可见，用手操作对婴幼儿思维能力发展的重要意义。

2. 指导建议

手部动作的发展至关重要，我们可以通过精细动作游戏来进行婴幼儿手部运动教育活动，即通过练习抓、握、捏、夹、粘、剪、推、拍、弹、插、缝、倒、撕等动作，提升婴幼儿的手眼协调能力，帮助婴幼儿在操作过程中认知事物的大小、颜色、形状、质地等属性。例如，“捏豆子”游戏能够帮助婴幼儿感知不同豆子的大小、颜色、多少；夹小熊玩具能够锻炼婴幼儿手的灵活性和控制力，感知“里”和“外”等空间关系。

八、22—24 个月幼儿养育常见问题及指导建议

(一) 情绪管理

巧巧最近特别喜欢哭，遇到不开心的事情就会用哭表达出来，比如，妈妈离开她，她会哭；别人拿了她的玩具，她会哭；走路摔倒，她会哭……怎么哄都没有用，应该怎么办呢?

1. 原因

哭泣，通常是痛苦的表现，是负面情绪的表达。幼儿遇到不开心的事，或外界环境发生孩子不想经历的变化，就会用哭泣的方式，把痛苦的情绪表达出来。

2. 指导建议

孩子哭泣时，家长首先要找到原因和适当的解决办法，千万不要因为孩子哭闹而斥责孩子，导致孩子更加痛苦，亲子关系疏远。如果孩子是因为害怕而哭闹，家长的斥责解决不了任何问题。如果孩子哭闹的原因是担心妈妈离开自己，妈妈就提前告诉孩子她要去做什么，很快会回来，帮助孩子减轻痛苦并逐渐认识到这是很正常的事。如果孩子因为其他人拿了自己的玩具而哭泣，那么家长可以帮助孩子用积极的方法把玩具要回来，体验正确解决问题的过程。如果孩子因为疼痛而哭泣，那么家长要允许孩子用哭泣去宣泄自己的情绪，并适当进行安抚。

(二) 感觉统合训练

糖糖奶奶带着孩子去托育机构上了一节亲子课，觉得课上什么也没学，就是上下高低爬爬走走，觉得是浪费钱。这样的亲子活动对孩子的成长有作用吗?

1. 原因

亲子活动中，教师引导幼儿和家长利用器械综合锻炼视觉、听觉、嗅觉、味觉、触觉、本体觉、前庭觉等感觉，这是典型的感觉统合训练。感觉统合失调的幼儿会有各种不良表现，如动作不灵活、好动、触觉敏感、过于胆大或胆小、语言发育迟缓等。托育机构和幼儿园会有大量的感觉统合训练活动。

2. 指导建议

家长可以和孩子一起做一些方便操作的小游戏，进行感觉统合训练。例如：抓痒游戏，在床或软垫上和孩子一起“挠痒痒”，每天 10 到 15 分钟；毛巾游戏，让孩子躺在大毛巾上面，两位家长各拉一头，左右上下摇动；大龙球游戏，家长协助孩子趴在大龙球上，抓住孩子两脚保持平衡等；梳子游戏，每天用梳子梳五分钟头发，直接刺激大脑皮质感觉区。家长也可以带孩子在托育机构进行锻炼，充分利用托育机构的感统器械。例如，利用海洋球池刺激孩子的触觉，利用蹦床、平衡木锻炼孩子的平衡感，利用大陀螺训练前庭平衡，运用跳袋锻炼本体感等。

九、25—30 个月幼儿养育常见问题及指导建议

（一）反抗行为

宝宝从 2 岁开始，总有自己的想法和主意，总是反抗家长的要求。妈妈每天要和宝宝对抗很久，常常非常生气。这可怎么办？

1. 原因

2 岁是幼儿人生中的第一个反抗期。随着幼儿能力的提升，自我意识的增强，他们开始有了自己很明确的想法和要求，这是培养幼儿独立性的重要时期。

2. 指导建议

这一时期，家长要尊重孩子，坚守原则。当孩子出现反抗行为时，家长切忌马上否定，应分析原因。如果需求合理，要尊重孩子。比如，孩子玩了好久积木，家长想让孩子看书，孩子不要。这时，孩子的兴趣还在积木上，是非常正常的情况，家长要尊重孩子的兴趣和此刻的状态，提醒孩子先玩一会儿积木，然后去看书。再如，孩子的反抗是因为他认为自己长大了，可以独立做事情了，而妈妈总怕孩子弄得到处都是。这时，家长应该满足孩子的动手欲望，提升孩子的独立性。麻烦和塑造人格相比，当然塑造人格更重要。对于孩子的不合理需求，家长不能有任何让步，不能让孩子养成骄纵的坏脾气。不合理需求主要涉及三个方面：安全，健康，道德。家长可以讲道理，也可以转移孩子的注意力。如果这两种方法仍然不行，就冷处理，不理会孩子的不合理需求，直接走开。经历过几次以后，孩子自然就知道哪些行为是不被允许的。

（二）退缩性行为

静静在家里很活泼开朗，可一见到陌生人就会特别紧张，不喜欢与人说话交往，总是退缩到大人后面。这该怎么办呢？

1. 原因

这种现象是退缩性行为的表现，原因主要有两个方面，一是与先天的气质类型有关，有的幼儿天生适应能力就较弱，不喜欢与人交往，在新环境中比较拘谨；二是与生活环境有关，有的幼儿只有一个大人长期带养，较少和外面的人与环境接触，遇到陌生人和环境难以适应。

2. 指导建议

家长应增强孩子的自信。自信心提升后，孩子的交往能力和适应能力自然就跟着提升。家长可以鼓励孩子做一些力所能及的事情，及时赞扬他的成长；多带孩子去公园等场所，让孩子习惯见到陌生人并能体会与人交往的乐趣；也可以带领孩子先去找比他小的小朋友玩，提升自信心和沟通能力。

（三）爱与管束

小华两岁后经常因为小需求得不到满足就大哭大闹，爸爸妈妈不知道是该严厉教导他还是安慰他。在教养孩子的过程中，我们应该如何选择教养方式才能促进孩子健康成长呢？

1. 原因

幼儿在发展过程中有自己的想法和意愿，却不懂道理，经常做些不合理的事情，这是独立意识发展的阶段，是对亲子关系的第一个挑战。

2. 指导建议

这种情况下，家长一定要把握好严格和宽容的分寸，明白什么情境下可以“宽”，什么情境下需要“严”。

（1）宽

我们要在安全的前提下开展有助于发展孩子能力的活动，需要为孩子提供宽松的环境。如果孩子希望自己动手洗脸、吃饭、穿衣，但由于操作能力有限，经常弄乱，家长应该给予鼓励，而不是批评，因为这有助于锻炼孩子的精细动作和独立性。如果孩子出现非故意的破坏行为，比如不小心摔坏了东西，家长也应宽容孩子的行为，帮助其分析原因，告知下次如何避免。

（2）严

如果孩子的行为对安全构成威胁，或违反社会规则，比如在轮流、合作、分享过程中有不遵守规则的表现，那么家长必须给予严厉告诫，并使用一些教育方法帮助其尽快改正。如果孩子没有轮流等待，家长可以用自然后果法让孩子感受到不遵守规则带来的不愉悦感受。

故意破坏行为应受到严厉批评。对于威胁到安全的行为，家长应严厉讲明道理。

十、31—36个月幼儿养育常见问题及指导建议

（一）入园准备

糖糖马上3岁了，快到上幼儿园的年纪了，家里人特别担心。糖糖一直由家里人照顾，在幼儿园能适应吗？是不是大一点去会更好呢？

1. 原因

一般来说，最佳入园年龄是3岁。3岁幼儿的独立性和自理能力有了一定程度的提高，能用简单的语言表达自己的需求，在成人的引导下能独立用餐，能独立如厕等。这个阶段的幼儿有较为强烈的社会性需求，喜欢与同伴交往，这是幼儿由亲子关系走向更复杂的社会性关系的第一步。因此，幼儿应及时入园，与同伴一起成长。

2. 指导建议

家长应提前帮助孩子在能力方面做好入园准备，包括行为准备、心理准备两方面。行为准备包括能用勺子吃饭，能用水杯喝水，大小便可以主动表达并独立如厕，会穿脱简单的衣服，养成按时睡眠的习惯等。心理准备包括与小朋友友好相处，能安静倾听，能清楚表达自己的需求和想法，提前了解、熟悉幼儿园，对幼儿园生活充满向往和期待等。

（二）“说谎”

孩子上了幼儿园后，总说一些特别奇怪对话，比如：“我昨晚住在城堡里，教室里的玩具会说话。”这是怎么回事呢？

1. 原因

2—4岁的幼儿常常把周围的物体用拟人的方式构建在自己的头脑中，认为所有的物品都是有生命的，这就是所谓的“泛灵论”。

2. 指导建议

在这个阶段，父母应该保护孩子的想象力和创造力，多带孩子到外面感受直观的环境。接触自然环境和社会可以丰富孩子的感受，使孩子有更多的素材融入想象之中。家长可以多给孩子讲故事，和孩子互动讨论，增强孩子的感受能力。家长也可以引导孩子玩过家家等游戏，让孩子在假想游戏中丰富自己的想象力。

（三）攻击性行为

孩子到了幼儿园表现出很多不良行为，比如骂人、打人等。这让家长非常接受不了。孩

子怎么变成了这个样子？还越批评越严重，这该怎么办呢？

1. 原因

攻击性行为通常是由模仿习得的。幼儿习得了攻击性行为，不如意时就可能用攻击性行为表达自己的不满。

2. 指导建议

与幼儿密切接触的成人要注意控制自己的言行和情绪，为幼儿做好榜样，不要给幼儿看有攻击性行为的动画片等，以防影响幼儿的发展。如果孩子出现了攻击性行为，家长可以先冷处理，防止因父母的管教火上浇油，等孩子情绪平复后再讲道理，进行教育。这样，孩子发现自己的攻击性行为会导致他人的冷漠反应，反思后会认识到这是错误的行为，慢慢地，攻击性行为也就消退了。

拓展阅读

孩子不能吃什么？

3个月内不要吃盐：3个月内的婴儿从母乳或配方奶中吸收的盐分已可以满足身体成长的需求，不需要额外补充。

1岁以内不要吃蜂蜜：1岁以下婴儿的肠道内正常菌群尚未完全建立，吃蜂蜜后容易感染，出现恶心、呕吐、腹泻等症状。

3岁以内不要饮茶：茶叶中含有大量鞣酸，会干扰人体对食物中蛋白质、矿物质及钙、锌、铁的吸收。

5岁以内不要吃补品：补品中含有许多激素或类激素物质，干扰骨骼生长并影响其他身体系统的健康。①

如何知道孩子病了呢？

孩子生病，一般会有以下表现：

1. 不吃、哭闹、体重下降

孩子生病时，身体不舒适会影响胃口，食欲降低，哭闹，体重下降。

2. 睡眠不老实

孩子身体不舒适时常常表现出夜里睡眠不安静，辗转反侧或手足乱动。

3. 呼吸不平静

孩子生病时可能出现呼吸不平静的现象，如鼻孔或喉咙里有“呼呼”的痰鸣声。

---

① 参见：玛丽亚·蒙台梭利.3岁决定孩子的一生[M].程文艳，编译.北京：朝华出版社，2009：272-273.

4. 情绪、性格改变

孩子生病时情绪也会受到影响，会出现烦躁不安、哭闹等情况。①

【本章小结】

本章结合0—3岁婴幼儿的身心特点及家庭教养过程中易出现的问题，通过案例给予原因分析及相应的指导建议，通俗易懂，帮助教育工作者提升家庭教养指导质量。

【学习活动】

请在实习过程中选取一个时间段，收集家长的育儿疑惑，并找到相应的解决方法。

【复习与思考】

1. 分龄指出常见的家庭教养问题主要包括哪几个方面。
2. 如何识别0—3个月婴儿的信号？
3. 3—6个月的婴儿应为爬行做好哪些准备？
4. 如何为7—9个月的婴儿创造探索环境？
5. 孩子乱扔玩具怎么办？
6. 如何鼓励1岁左右的婴幼儿行走？
7. 面对孩子经常毫无理由地说“不”，家长应该如何应对？
8. 如何有效提升幼儿的专注力？
9. 如何帮助幼儿管理好自己的情绪？
10. 面对婴幼儿的说谎行为、攻击性行为，家长应该怎么办？

① 参见：玛丽亚·蒙台梭利.3岁决定孩子的一生[M].程文艳，编译.北京：朝华出版社，2009：289-290.

主要参考文献

[1] 北京市教育委员会.0—3岁儿童早期教育指南[M].北京：北京师范大学出版社,2010.

[2] 曹筱一.英国早期基础阶段儿童发展评价体系的基本内容与启示[J].早期教育(教育科研),2019(7-8)：5.

[3] 陈飞.应用型本科教育课程调整与改革研究[D].上海：华东师范大学,2014.

[4] 陈海丹.0—3岁亲子早教课程[M].上海：复旦大学出版社,2020.

[5] 陈明霞.婴幼儿亲子活动课程(19—24个月)[M].上海：复旦大学出版社,2018.

[6] 陈雅芳,曹桂莲.0—3岁儿童亲子活动设计与指导[M].上海：复旦大学出版社,2014.

[7] 冯浸.儿童福利院"模拟亲子教育"志愿服务研究——以无锡市社会福利中心为例[D].南京：南京理工大学,2013.

[8] 高燕,高惊涛.玩具产品国家强制性标准适用年龄组的确定与安全技术要求[J].轻工标准与质量,2020(2)：49-51.

[9] 耿薇.英国早期儿童基础教育指南(EYFS)(2017)述评[J].科教文汇(中旬刊),2018(2)：114-117.

[10] 胡雅莉.加拿大安大略省儿童早期教育对我国0—3岁托育服务发展的启示[J].陕西学前师范学院学报,2020(1)：28.

[11] 胡育.试论亲子教育的内涵与功能[J].教育科学,2002,6(8)：47-45.

[12] 霍华德·加德纳.多元智能[M].沈致隆,译.北京：新华出版社,1999.

[13] 霍力岩.试论蒙台梭利的儿童观[J].比较教育研究,2000(6)：52-55.

[14] 贾婧.英国早期基础阶段儿童学习与发展标准研究[D].重庆：西南大学,2014.

[15] 贾路斯.纸浆材料在儿童玩具设计中的应用研究[D].广州：华南理工大学,2019.

[16] 李慧,严仲连.美国0—3岁婴幼儿托育的素养框架——以High Scope托育模式为例[J].现代基础教育研究,2019(9)：109-115.

[17] 李慧.美国0—3岁婴幼儿托育课程模式评析——以"FunShine Online"(FSO)为例[J].教育探索,2019(4)：100-101.

[18] 李生兰.学前儿童家庭教育[M].上海：华东师范大学出版社,2000.

[19] 琳达・杜威尔-沃森，等.婴儿和学步儿的课程与教学[M].苏贵民，陈晓霞，译.北京：人民教育出版社，2009.

[20] 刘立民.倡导亲子游戏的意义与策略[J].鞍山师范学院学报，2009(1)：99－102.

[21] 刘媛.北京市回龙观3—6岁幼儿家庭亲子游戏开展现状及影响因素分析[D].北京：北京体育大学，2013.

[22] 任可欣.奥尔夫教学法在学前音乐教育中的有效运用[J].职业技术，2020(3)：105－108.

[23] 上海市教育委员会.上海市0—3岁婴幼儿教养方案[M].上海：上海教育出版社，2008.

[24] 沈金燕.对0—3岁婴幼儿亲子游戏的认识与指导[J].和田师范专科学校学报(汉文综合版)，2011(2)：57－58.

[25] 斯泰西・戈芬，等.课程模式与早期教育(第二版)[M].李敏谊，译.北京：教育科学出版社，2008.

[26] 谭峰.亲子教育机构中教师对家长指导策略的研究——以桂林市A中心为例[D].桂林：广西师范大学，2008.

[27] 唐敏，李国强.0—3岁婴幼儿动作发展与教育[M].上海：复旦大学出版社，2016.

[28] 吴伟俊.0—3岁亲子园教育问题及对策研究[D].武汉：华中师范大学，2007.

[29] 肖子华.日本托育情况及育儿支持制度的启示[J].人口与健康，2020(9)：19－21.

[30] 杨丽娟.演绎三重角色，点亮早教课堂——谈早教活动中教师的角色定位[J].考试周刊，2013(91)：192－193.

[31] 杨晓萍.学前教育回归生活课程研究[D].重庆：西南师范大学，2002.

[32] 尹芳.重庆市主城区幼儿家庭亲子游戏现状的研究[D].重庆：西南大学，2003.

[33] 虞永平，等.幼儿园课程评价[M].南京：江苏教育出版社，2009.

[34] 员春蕊，王晓英.澳大利亚儿童早期学习框架的性质、内容与特点[J].学前教育研究，2015(5)：52.

[35] 张宇霞.依托绘本丰富语文教学[J].小说家选刊，2016(23)：103.

[36] 朱小蔓，梅仲荪.儿童情感发展与教育[M].南京：江苏教育出版社，1998.

[37] 左志宏.0—3岁婴幼儿认知发展与教育[M].上海：华东师范大学出版社，2020.

图书在版编目（CIP）数据

婴幼儿亲子教育课程设计与指导 / 陈开颜主编. —
上海：上海教育出版社，2021.11
ISBN 978-7-5720-1177-1

Ⅰ. ①婴… Ⅱ. ①陈… Ⅲ. ①学前教育－教育活动－课程设计－幼儿师范学校－教材 Ⅳ. ①G612

中国版本图书馆CIP数据核字(2021)第224064号

责任编辑 钦一敏
封面设计 赖玟伊

婴幼儿亲子教育课程设计与指导
陈开颜 主编

出版发行 上海教育出版社有限公司
官　　网 www.seph.com.cn
地　　址 上海市闵行区号景路159弄C座
邮　　编 201101
印　　刷 上海昌鑫龙印务有限公司
开　　本 787×1092 1/16 印张 11.75
字　　数 228 千字
版　　次 2021年11月第1版
印　　次 2021年11月第1次印刷
书　　号 ISBN 978-7-5720-1177-1/G·0923
定　　价 59.00 元

如发现质量问题，读者可向本社调换 电话：021-64373213